Physique de l'Amour

Essai sur l'instinct sexuel

Remy de Gourmont

Alicia ÉDITIONS

Table des matières

1. MATIÈRE D'UNE IDÉE — 7
   La psychologie générale de l'amour.—L'amour selon les lois naturelles.—La sélection sexuelle.—Place de l'homme dans la nature.—Identité de la psychologie humaine et de la psychologie animale.—Caractère animal de l'amour.
2. BUT DE LA VIE — 11
   Importance de l'acte sexuel.—Son caractère inéluctable.—Animaux qui ne vivent que pour se reproduire.—Lutte pour l'amour et lutte pour la mort.—Femelles fécondées à la minute même de leur naissance.—Le maintien de la vie.
3. ÉCHELLE DES SEXES — 15
   La reproduction asexuée.—Formation de la colonie animale.—Limites de la reproduction asexuée.—La conjugaison.— Naissance des sexes.—Hermaphrodisme et parthénogenèse.— La fécondation chimique.—Universalité de la parthénogenèse.
4. LE DIMORPHISME SEXUEL — 21
   I. Invertébrés.—Formation du mâle.—Primitivité de la femelle.—Mâles minuscules: la bonellie.—Régression du mâle en organe mâle: les cirripèdes.—Généralité du dimorphisme sexuel.—Supériorité de la femelle chez la plupart des insectes.—Exceptions.—Le dimorphisme numérique.—La femelle chez les hyménoptères.—Multiplicité de ses activités.—Rôle purement sexuel du mâle.—Dimorphisme des fourmis, des termites.—Cigales et grillons.—Les araignées.—Les coléoptères. — Le ver luisant.—Étrangeté du dimorphisme chez la cochenille.
5. LE DIMORPHISME SEXUEL — 30
   II. Vertébrés.—Insensible chez les poissons, les sauriens, les reptiles.—Le monde des oiseaux.—Dimorphisme favorable aux mâles: le loriot, les faisans, le combattant.—Paons et dindons.—Les paradisiers.—Le dimorphisme modéré des mammifères.—Effets de la castration sur le dimorphisme.
6. LE DIMORPHISME SEXUEL — 34
   III. Vertébrés (suite).—L'homme et la femme. —Caractères et limites du dimorphisme humain.—Effets de la civilisation.—Le dimorphisme psychologique.—Le monde des insectes et le monde humain.—Le dimorphisme modéré, fondement du couple.—Solidité du couple humain.—Le dimorphisme et la polygamie.—Le couple favorise la femelle.—L'esthétique sexuelle.—Causes de la supériorité de la beauté féminine.
7. LE DIMORPHISME SEXUEL ET LE FÉMINISME — 41
   Infériorité et supériorité de la femelle selon les espèces animales.—Influence de l'alimentation sur la production des sexes.—La femelle aurait suffi.—Féminisme absolu et féminisme modéré.—Chimères : élimination du mâle et parthénogenèse humaine.
8. LES ORGANES DE L'AMOUR — 44
   Le dimorphisme et le parallélisme sexuels.—Les organes sexuels de l'homme et de la femme.—Constance du parallélisme sexuel dans la série animale.—Les organes sexuels externes des mammifères placentaires.—Forme et position du pénis.—L'os pénial.—Le clitoris.—Le vagin.—Les mamelles.—La verge bifide des marsupiaux.—Organes sexuels des reptiles.—Les poissons et les oiseaux à organe pénial.—Organes génitaux des arthropodes.—Essai de classification animale d'après la forme, la disposition, la présence, l'absence des organes extérieurs de la reproduction.

9. LE MÉCANISME DE L'AMOUR   53
I. La Copulation : Vertébrés.—Ses variétés très nombreuses et sa fixité spécifique.—Immoralité apparente de la nature.—L'ethnographie sexuelle.—Mécanisme humain.—Le cavalage.—Forme et durée de l'accouplement chez divers mammifères.—Aberrations sexuelles chirurgicales : l'ampallang.—La douleur, comme frein sexuel.—L'hymen.—La taupe.—Passivité de la femelle.—L'ovule, figure psychologique de la femelle.—Manie d'attribuer aux animaux des vertus humaines.—La pudeur des éléphants.—Mécanisme de l'accouplement chez les baleines, les phoques, les tortues.—Chez certains ophidiens et certains poissons.

10. LE MÉCANISME DE L'AMOUR   63
II. La Copulation (suite) : Arthropodes.—Les scorpions.—Les gros crustacés aquatiques.—Les petits crustacés.—L'hydrachne.—Le scutellère.—Le hanneton.—Les papillons.—Les mouches, etc.—Sur la variation des mœurs sexuelles animales.

11. LE MÉCANISME DE L'AMOUR   68
III. Des oiseaux aux poissons.—Mâles sans pénis.—Accouplement par simple contact.—Salacité des oiseaux.—Copulation des batraciens : crapaud accoucheur, crapaud aquatique, crapaud terrestre, crapaud pipa.—Parasitisme fœtal.—Chasteté des poissons.—Les sexes séparés dans l'amour.—Fécondation onanistique.—Les céphalopodes : le spermatophore.

12. LE MÉCANISME DE l'AMOUR   74
IV. L'Hermaphrodisme.—Vie sexuelle des huîtres.—Les gastéropodes.—L'idée de reproduction et l'idée de volupté.— Mécanisme de la fécondation réciproque: les hélices.—Mœurs spintriennes.—Réflexions sur l'hermaphrodisme.

13. LE MÉCANISME DE l'AMOUR   77
V. Fécondation artificielle.—Disjonction de l'appareil sécréteur et de l'appareil copulateur.—Les araignées.—Découverte de leur méthode copulatrice.—Brutalité de la femelle.—Mœurs de l'épeire.—L'argyronète.—La tarentule.—Exceptions : les faucheurs.—Les libellules.—Les demoiselles, les vierges et les jouvencelles.—Tableau de leurs amours.

14. LE MÉCANISME DE L'AMOUR   83
VI. Le cannibalisme sexuel.—Les femelles qui mangent le mâle et celles qui mangent le spermatophore.—Utilité probable de ces pratiques.—La fécondation par le mâle total.—Amours du dectique à front blanc.—La sauterelle verte.—L'analote des Alpes.—L'éphippigère.—Autres réflexions sur le cannibalisme sexuel.—Amours de la mante religieuse.

15. LA PARADE SEXUELLE   88
Universalité de la caresse, des préludes amoureux.—Leur rôle dans la fécondation.—Jeux sexuels des oiseaux.—Comment se caressent les cantharides.—Combats des mâles.—Combats simulés chez les oiseaux.—La danse des tétras.—L'oiseau jardinier.—Sa maison de campagne.—Son goût pour les fleurs.—Réflexions sur l'origine de l'art.—Combats des grillons.—Parade des papillons.—Le sens de l'orientation sexuelle.—Le grand-paon.—Soumission des animaux aux ordres de la nature.—Transmutation des valeurs physiques.—Calendrier du rut.

16. LA POLYGAMIE   97
Rareté de la monogamie.—Goût du changement chez les animaux.—Rôles de la monogamie et de la polygamie dans la stabilité ou l'instabilité des types spécifiques.—Lutte du couple et de la polygamie.—Les couples parmi les poissons, les batraciens, les sauriens.—Monogamie des pigeons, des rossignols.—Monogamie des carnassiers, des rongeurs. —Mœurs du lapin.—La mangouste.—Causes inconnues de la polygamie.—Rareté et surabondance des mâles.—La polygamie chez les insectes.—Chez les poissons.—Chez les gallinacés et les palmipèdes.—Chez les herbivores.—Le harem de l'antilope.—La polygamie humaine.—Comment elle tempère le couple chez les civilisés.

17. L'AMOUR CHEZ LES ANIMAUX SOCIAUX 108
Organisation de la reproduction chez les hyménoptères.—Les abeilles.—Noces de la reine.—La mère abeille, cause et conscience de la ruche.—Royauté sexuelle.—Les limites de l'intelligence chez les abeilles.—Logique naturelle et logique humaine.—Les guêpes.—Les bourdons.—Les fourmis.—Notes sur leurs mœurs.—État très avancé de leur civilisation.—L'esclavage et le parasitisme chez les fourmis.—Les termites.—Les neuf principales formes actives des termites.—Ancienneté de leur civilisation.—Les castors.—Tendance des animaux industrieux à l'inactivité.

18. LA QUESTION DES ABERRATIONS 119
Deux sortes d'aberrations sexuelles.—Les aberrations sexuelles des animaux.—Celles des hommes.—Le croisement des espèces.—La chasteté.—La pudeur.—Variétés et localisations de la pudeur sexuelle.—Création artificielle de la pudeur.—Sorte de pudeur naturelle à toutes les femelles.—La cruauté.—Tableau de carnage.—Le grillon dévoré vivant.—Mœurs des carabes.—Tout être vivant est proie.—Nécessité de tuer ou d'être tué.

19. L'INSTINCT 127
L'instinct.—Si on peut l'opposer à l'intelligence.—L'instinct chez l'homme.—Primordialité de l'intelligence.—Rôle conservateur de l'instinct.—Rôle modificateur de l'intelligence.—L'intelligence et la conscience.—Parité de l'instinct chez les animaux et chez l'homme.—Caractère mécanique de l'acte instinctif.—L'instinct modifié par l'intelligence.—l'habitude du travail créant le travail inutile.—Objections à l'identification de l'instinct et de l'intelligence tirées de la vie des insectes.

20. LA TYRANNIE DU SYSTÈME NERVEUX 134
Accord et désaccord entre les organes et les actes.—Les tarses du scarabée sacré.—La main de l'homme.—Adaptation médiocre des organes sexuels à la copulation.—Origine de la luxure.—L'animal est un système nerveux servi par des organes.—L'organe ne détermine pas l'aptitude.—La main de l'homme inférieure à son génie.—Substitution des sens l'un par l'autre.—Union et rôle des sens dans l'amour.—L'homme et l'animal sous la tyrannie du système nerveux.—Usure de l'humanité compensée par ses acquisitions.—Les héritiers de l'homme.

BIBLIOGRAPHIE DES PRINCIPAUX OUVRAGES CONSULTÉS 143

Chapitre 1

MATIÈRE D'UNE IDÉE

La psychologie générale de l'amour.— L'amour selon les lois naturelles.—La sélection sexuelle.—Place de l'homme dans la nature.—Identité de la psychologie humaine et de la psychologie animale.— Caractère animal de l'amour.

Ce livre, qui n'est qu'un essai, parce que la matière de son idée est immense, représente pourtant une ambition : on voudrait agrandir la psychologie générale de l'amour, la faire commencer au commencement même de l'activité mâle et femelle, situer la vie sexuelle de l'homme dans le plan unique de la sexualité universelle.

Sans doute, quelques moralistes ont prétendu parler de l'amour selon les lois naturelles. Mais ces lois naturelles, ils les ignoraient profondément : tel Sénancour, dont le livre, entaché d'idéologie, reste cependant ce qu'on a écrit de plus hardi sur un sujet que rien, puisqu'il est essentiel, ne peut banaliser. Si Sénancour avait été au courant de la science de son temps, s'il avait lu seulement Réaumur et Bonnet, Buffon et Lamarck, s'il avait osé intégrer l'une dans l'autre l'idée d'homme et celle d'animal, il aurait pu, étant un esprit sans préjugés irréductibles, ordonner une œuvre qu'on lirait encore. Le moment eût été heureux. On commençait à connaître les mœurs exactes des animaux ; Bonnet avait établi d'audacieux rapprochements entre la génération charnelle et la génération végétale ; l'essentiel de la physiologie était trouvé ; la science de la vie était claire, étant brève : une théorie pouvait se tenter de limité psychologique dans la série animale.

Une telle œuvre eût évité bien des sottises au siècle qui commençait. On se serait accoutumé à ne considérer l'amour humain que comme une des formes innombrables, et peut-être pas la plus curieuse, que revêt l'instinct universel de reproduction, et ses anomalies apparentes auraient rencontré une explication normale dans les extravagances mêmes de la nature. Darwin est venu, et il a inauguré une méthode utile, mais ses vues sont trop systématiques, son but trop explicatif, son échelle des êtres, avec l'homme en haut, somme de l'effort universel, d'une simplicité trop théologique. L'homme n'est pas au sommet de la nature ; il est dans la nature, l'une des unités de la vie, et rien de plus. Il est le produit d'une évolution partielle et non le produit de l'évolution totale ; la branche où il fleurit part, ainsi que des milliers d'autres branches, d'un tronc commun. D'ailleurs, Darwin, soumis à la pudibonderie religieuse de sa race, a presque entièrement négligé les faits sexuels stricts, et cela rend incompréhensible sa théorie de la sélection sexuelle comme principe de changement. Mais eût-il fait état du mécanisme de l'amour, ses conclusions, peut-être plus logiques, n'en auraient pas moins été inexactes, car si la sélection sexuelle a un but, il ne peut être que conservateur. La fécondation est une réintégration d'éléments différenciés en un élément unique ; c'est un retour perpétuel à l'unité.

Il n'y a pas un grand intérêt à considérer les actes humains comme les fruits de l'évolution, puisque sur des branches animales aussi nettement séparées, aussi éloignées que les insectes et les mammifères, on trouve des actes sexuels et des mœurs sociales très sensiblement analogues, sinon identiques en beaucoup de points. Insectes et mammifères, s'ils ont un ancêtre commun autre que la gelée primordiale, que de possibilités différentes ne devait-il pas contenir en ses contours amorphes pour s'être résolu, ici en une abeille, et là dans une girafe ! L'évolution qui aboutit à des résultats si divers n'a plus que la valeur d'une idée métaphysique ; la psychologie n'y cueillera presque aucun fait valable.

Il faut donc laisser de côté la vieille échelle dont les évolutionnistes gravissent si péniblement les échelons. Nous imaginerons, métaphoriquement, un centre de vie d'où rayonnent les multiples vies divergentes, sans tenir compte, passée la première étape unicellulaire, des subordinations hypothétiques. On ne veut pas, et bien au contraire, nier ni l'évolution générale, ni les évolutions particulières ; mais les généalogies sont trop incertaines et le fil qui les relie se casse trop souvent : quelle est, par exemple, l'origine des oiseaux, ces organismes qui semblent à la fois en progrès et en régression sur les mammifères ? Tout bien réfléchi, on considérera les différents mécanismes de l'amour en tous les êtres dioïques comme parallèles et contemporains.

L'homme se trouvera donc situé dans la foule, à la place indistincte qui est la sienne, à côté des singes, des rongeurs et des chauves-souris. Psychologiquement, il faudra le conférer très souvent avec les insectes, cette autre floraison merveilleuse de la vie. Quelle clarté, alors, que de lumières venant de tous les côtés ! Cette coquetterie de la femme, sa fuite devant le mâle, son retour, son jeu de oui et non, cette attitude incertaine qui semble si cruelle à l'amoureux, n'est-ce donc point particulier à la femelle de l'homme ? Nullement. Célimène est de toutes les espèces et des plus hétéroclites : elle est araignée et elle est taupe ; elle est moinelle et cantharide ; elle est grillonne et couleuvre. Un célèbre auteur dramatique, en une pièce intitulée, je pense, *La Fille Sauvage*, représentait l'amour féminin comme naturellement agressif. C'est une erreur. La femelle attaquée par le mâle songe toujours à se dérober, et elle n'attaque jamais, sauf en quelques espèces qui semblent très anciennes et qui ne se sont peut-être perpétuées jusqu'à nos jours que par des prodiges d'équilibre. Et encore faut-il faire cette réserve de principe, quand on voit la femelle agressive, que c'est la seconde ou la quatrième phase du jeu, peut-être, et non la première. La femelle dort jusqu'au moment où le mâle la réveille ; alors elle cède, joue ou se dérobe. La réserve de la vierge devant l'homme est d'une pudeur bien modérée si on la compare à la fuite éperdue de la jeune taupe !

Mais ceci n'est qu'un fait entre mille. Il n'est pas un mode d'agir de l'homme instinctif qui ne se retrouve en telle espèce animale : et cela se comprend sans peine, puisque l'homme est un animal, soumis aux mêmes instincts essentiels qui gouvernent toute l'animalité, puisque partout c'est la même matière qu'anime le même désir : vivre, perpétuer la vie. La supériorité de l'homme, c'est la diversité immense de ses aptitudes. Alors que les animaux sont réduits à une série de gestes toujours pareils, l'homme varie à l'infini sa mimique ; pourtant, le but est le même et le résultat est le même : la copulation, la fécondation, la ponte.

De la diversité des aptitudes humaines, du pouvoir que possède l'homme de gagner par toutes sortes de chemins différents le terme nécessaire de son activité, ou d'éluder ce terme et de suicider en lui l'espèce dont il porte l'avenir, est née la croyance à la liberté. C'est une illusion qu'il est difficile de ne pas avoir, et une idée qu'il faut écarter si l'on veut penser d'une manière qui ne soit pas tout à fait déraisonnable ; mais il est certain qu'en fait la multiplicité des activités possibles équivaut presque à la liberté. Sans doute, c'est toujours le motif le plus fort qui l'emporte ; mais le plus fort aujourd'hui sera le plus faible demain : de là une variété dans les allures humaines qui simule la liberté et, pratiquement, a des effets à peu près pareils. Le libre arbitre n'est pas autre chose que la faculté d'être déterminé successivement par un nombre très grand de motifs et très différents. Dès que le choix est possible, il y a liberté, encore que l'acte choisi soit rigoureusement déterminé et qu'il soit impossible qu'il n'ait pas eu lieu. Les animaux ont une liberté moindre, et d'autant plus restreinte que leurs aptitudes sont plus limitées ; mais dès qu'il y a vie, il y a liberté. La distinction, à ce point de vue, entre l'homme et les animaux est de quantité, et non de qualité. Il ne faut pas se laisser duper par la distinction scolastique entre l'instinct et l'intelligence : l'homme est tout aussi chargé d'instincts que l'insecte le plus visiblement instinctif : il y obéit par des méthodes plus diverses, voilà tout.

S'il est clair que l'homme est un animal, il l'est donc aussi que c'est un animal d'une complexité extrême. On retrouve en lui la plupart des aptitudes à l'état d'unité chez les animaux. Il n'est guère une de ses habitudes, une de ses vertus, un de ses vices (pour employer les mots usuels), qu'on ne constate ici ou là chez un insecte, un oiseau ou un autre mammifère : la monogamie et l'adultère, sa conséquence ; la polygamie, la polyandrie ; la lasciveté, la paresse, l'activité, la cruauté, le courage, le dévouement, tout cela est commun chez les animaux, mais alors cela qualifie l'espèce entière. À l'état de différenciation où sont arrivés les individus des espèces humaines supérieures et cultivées, chaque individu forme certainement une variété séparée que détermine ce qu'on appelle d'un mot abstrait, le caractère. Cette différenciation individuelle, très marquée dans l'humanité, est moindre dans les autres espèces animales. Cependant, nous observons des caractères très différents dans les chiens, les chevaux et même les oiseaux d'une même race. Il est très probable que les abeilles n'ont pas toutes le même caractère, puisque toutes ne sont pas aussi promptes, par exemple, à faire usage de leur aiguillon dans des circonstances analogues. Là encore la dissemblance n'est que de degré entre l'homme et ses frères en vie et en sensibilité.

La solidarité, vaine idéologie, si on la restreint aux espèces humaines ! Il n'y a point d'abîme entre l'homme et l'animal ; les deux domaines sont séparés par un tout petit ruisseau qu'enjamberait un enfant. Nous sommes des animaux ; nous vivons des animaux et des animaux vivent de nous. Nous sommes parasités et nous sommes parasites. Nous sommes prédateurs et nous sommes la proie vivante des prédateurs. Et quand nous faisons l'amour, c'est bien, selon l'expression des théologiens, *more bestiarum*. L'amour est profondément animal : c'est sa beauté.

Chapitre 2

BUT DE LA VIE

Importance de l'acte sexuel.—Son caractère inéluctable. —Animaux qui ne vivent que pour se reproduire.—Lutte pour l'amour et lutte pour la mort.—Femelles fécondées à la minute même de leur naissance.—Le maintien de la vie.

Quel est le but de la vie ? Le maintien de la vie.

Mais l'idée même de but est une illusion humaine. Il n'y a ni commencement, ni milieu, ni fin dans la série des causes. Ce qui est a été causé par ce qui fut, et ce qui sera a pour cause ce qui est. On ne peut concevoir ni un point de repos, ni un point de début. Née de la vie, la vie engendrera éternellement la vie. Elle le doit et elle le veut. Or, la vie est caractérisée sur la terre par l'existence d'individus groupés en espèces, c'est-à-dire ayant le pouvoir, un mâle s'étant uni à une femelle, de reproduire leur semblable. Qu'il s'agisse de la conjugaison interne des protozoaires, de la fécondation hermaphrodite, de la copulation des insectes ou des mammifères, l'acte est le même : il est commun à tout ce qui vit, et non pas seulement à l'animal, mais à la plante et peut-être aux minéraux limités par une forme constante. Entre tous les actes possibles, dans la possibilité que nous pouvons connaître ou imaginer, l'acte sexuel est donc le plus important de tous les actes. Sans lui, la vie s'arrêterait : mais il est absurde de supposer son absence puisque, dans ce cas, c'est la pensée même qui disparaît.

La révolte est inutile contre une nécessité si évidente. Nos délicatesses protestent vainement : l'homme et le plus dégoûtant de ses parasites sont des produits d'un identique mécanisme sexuel. Ce que nous avons jeté de fleurs sur l'amour peut le masquer comme un piège à fauves : toutes nos activités évoluent autour de ce précipice et y tombent les unes après les autres ; le but de la vie humaine est le maintien de la vie humaine.

L'homme ne se soustrait qu'en apparence à cette obligation de nature. Il s'y soustrait comme individu et s'y soumet comme espèce. L'abus de la pensée, les préjugés religieux, les vices, stérilisent une partie de l'humanité ; mais cette réserve est de pur intérêt sociologique : qu'il soit chaste ou voluptueux, avare ou prodigue de sa chair, l'homme n'en est pas moins, en tout état, soumis à la tyrannie sexuelle. Tous les hommes ne se reproduisent pas ; ni tous les animaux ; non plus : les faibles et les tard-venus, parmi les insectes, meurent avec leur robe d'innocence et beaucoup de nids laborieusement peuplés par de courageuses mères sont dévastés par des pirates ou par l'inclémence du ciel. Que l'ascète ne vienne pas se vanter d'avoir soustrait son sang à la pression du désir : l'importance même qu'il donne à sa victoire affirme la puissance même de la volonté de vivre.

Une jeune fille l'avoue naïvement, avant tout amour, quand elle est saine. Elle veut : « Se marier pour avoir des enfants. » Cette formule si simple est la légende de la nature. Ce que l'animal poursuit, ce n'est pas sa propre vie, c'est la reproduction. Sans doute beaucoup d'animaux ne semblent avoir, dans une existence relativement longue, que de brèves périodes sexuelles, mais il faut tenir compte du temps de la gestation. En principe, la seule occupation de l'être est de rénover, par l'acte sexuel, la forme dont il est revêtu. C'est pour cela qu'il mange, pour cela qu'il construit. Cet acte est si bien le but unique et précis qu'il constitue toute la vie d'un très grand nombre d'animaux, cependant merveilleusement complexes.

L'éphémère naît le soir, s'accouple ; la femelle pond pendant la nuit : tous deux sont morts au matin, sans même avoir vu le soleil. Ces petites bêtes sont si peu destinées à autre chose qu'à l'amour qu'elles n'ont pas de bouche. Elles ne mangent ni ne boivent. On les voit voleter en nuages au-dessus de l'eau, parmi les roseaux. Les mâles, bien plus nombreux que les femelles, font un multiple office et tombent épuisés. La pureté d'une telle vie s'admire chez beaucoup de papillons : ceux du ver à soie, lourds et gauches, battent des ailes un instant, quand ils naissent, puis s'accouplent et meurent. Le grand paon ou bombyx du chêne, bien plus gros, ne mange pas davantage : et nous le verrons cependant franchir des lieues de pays à la recherche de sa femelle. Il n'a qu'une trompe rudimentaire et un semblant d'appareil digestif. Ainsi une existence de deux ou trois jours s'écoule sans avoir donné naissance à aucun acte égoïste. La lutte pour la vie, fameux principe, est ici la lutte pour donner la vie, la lutte pour mourir, car s'ils peuvent vivre trois jours en quêtant les femelles, ils périssent dès que la fécondation est accomplie.

Chez toutes les abeilles solitaires, scolies, maçonnes, sphex, bembex, anthophores, les mâles, premiers-nés, rôdent autour des nids, attendant la naissance des femelles. Sitôt parues, elles sont prises et fécondées, connaissant ainsi, dans un même frisson, la lumière et l'amour. Les femelles osmies, autres abeilles, sont ardemment guettées par les mâles, qui les happent et les chevauchent dès leur sortie du tube natal, la tige creusée de la ronce, s'envolent aussitôt avec elles dans l'air où s'achèvent les noces. Et cependant que le mâle va errer quelque temps avant de mourir, ivre de son œuvre, la femelle creuse avec fièvre la demeure de sa progéniture, la cloisonne, y entasse le miel des larves, pond, tourbillonne un instant et périt. L'an suivant, les mêmes gestes se verront autour des mêmes ronces sectionnées par le fagoteux, et ainsi de suite, sans que l'insecte se permette jamais aucun dessein que la conservation d'une forme fragile, brève apparition au-dessus des fleurs.

Le sitaris est un coléoptère parasite des nids de l'anthophore. L'accouplement a lieu dès l'éclosion. Fabre a vu une femelle encore dans les langes qu'un mâle, déjà libéré, accostait déjà, l'aidant à se dévêtir, guettant l'apparition de l'extrémité de l'abdomen pour s'y ruer aussitôt. L'amour des sitaris dure une minute, longue saison dans une vie si courte : le mâle languit deux jours avant de s'éteindre ; la femelle, qui pond sur place dès qu'elle a été fécondée, meurt sans avoir rien connu de la vie que la fonction maternelle, sur le lieu même de sa naissance.

Il y a une espèce de papillon, les palingenia, dont on n'a jamais vu la femelle. C'est qu'elle est fécondée avant même d'avoir pu se débarrasser de son corset de nymphe, et qu'elle meurt, les yeux encore fermés, mère à la fois et poupon au maillot.

Les moralistes aiment les abeilles, dont ils tirent des exemples et des aphorismes. Elles nous conseillent le travail, l'ordre, l'économie, la prévoyance, l'obéissance et plusieurs autres vertus. Adonnez-vous au labeur, courageusement : la nature le veut. La nature veut tout. Elle est complaisante à toutes les activités et ne refuse aucune analogie à aucune de nos imaginations. Elle veut les constructions sociales de l'abeille : elle veut aussi la vie toute d'amour du grand paon, de l'osmie et du sitaris. Elle veut que les formes qu'elle a créées se conservent indéfiniment et pour cela tous les moyens lui sont bons. Mais si elle nous donne l'exemple laborieux de l'abeille, elle ne nous cache pas l'exemple polyandrique de la mante et de ses cruelles amours. Il n'y a pas dans la volonté de vivre la moindre trace de notre pauvre petite morale humaine. Si l'on veut une morale unique, c'est-à-dire un commandement universel, tel que toutes les espèces le puissent écouter, tel que, en fait, elles le suivent selon l'esprit et selon la lettre, si l'on veut, en d'autres termes, déterminer quel est le but de la vie et le devoir des êtres vivants, il faut évidemment trouver une formule qui totalise les contradictions, les brise et les transforme en une affirmation. Il n'y en a qu'une et on la répétera, sans craindre et sans permettre aucune objection : le but de la vie est le maintien de la vie.

Chapitre 3

ÉCHELLE DES SEXES

La reproduction asexuée.—Formation de la colonie animale.—Limites de la reproduction asexuée.—La conjugaison.—Naissance des sexes.—Hermaphrodisme et parthénogenèse.— La fécondation chimique. —Universalité de la parthénogenèse.

Le mode primitif de reproduction des êtres est la reproduction asexuée, ou que l'on considère comme telle, provisoirement, par comparaison avec un mécanisme plus complexe. Il n'y a dans les premières formes vivantes ni organes sexuels, ni éléments sexuels différenciés. L'animal se reproduit par scissiparité ou par bourgeonnement. L'individu se divise en deux, ou bien une protubérance se développe, forme un nouvel être qui alors se détache.

La scissiparité, assez mal qualifiée, car, la division étant transversale, la parité des deux parties est loin d'exister, se rencontre chez les protozoaires, et au-delà, chez des vers, des astéries, des polypes.

Le bourgeonnement est commun aux protozoaires, aux infusoires, aux cœlentérés, aux polypes d'eau douce, et à presque tous les végétaux. Un troisième mode primitif, appelé sporulation, consiste en la production dans l'organisme de cellules particulières, spores, qui se séparent, deviennent des individus ; on le trouve dans quelques protozoaires aussi bien que dans les fougères, les algues, les champignons.

Les deux premiers modes, division et bourgeonnement, servent aussi à la formation des colonies animales, quand l'individu nouveau conserve un point d'attache avec l'individu générateur. C'est par cette notion de colonie que l'on explique les êtres complexes, et même les animaux supérieurs, en les considérant comme des réunions primitives d'êtres simples qui se seraient différenciés en restant solidaires, se partageant le travail physiologique. Les colonies de protozoaires sont formées d'individus à fonctions identiques, vivant en égalité parfaite, malgré la hiérarchie de position ; les colonies de métazoaires sont composées de membres spécialisés et dont la séparation peut être une cause de mort pour l'individu total. Il y a donc, dans ce dernier cas, un être nouveau composé d'éléments distincts, mais devenus, tout en gardant une certaine autonomie essentielle, les organes d'une entité.

Les premiers organismes vivants se hiérarchisent donc ainsi : individu unicellulaire, ou plastide ; groupe de plastides, ou méride. Les mérides, comme les protozoaires, peuvent se reproduire par voie asexuée, division, bourgeonnement. Ils se séparent entièrement ou restent unis au générateur S'ils restent unis, on a gravi un nouvel échelon et l'on a atteint le zoïde. Ensuite, par colonies de zoïdes, on aura ces individus encore plus complexes auxquels on donne le nom de dèmes. Tous ces mots n'ont guère, naturellement, qu'une valeur mnémotechnique. La nomenclature s'arrête, et la progression aussi, à un certain moment, car l'évolution a un terme, une finalité, le milieu même où évolue la vie. On dirait que, surgies de l'obscur centre vital, les nouvelles tiges animées grandissent jusqu'à ce qu'elles viennent frapper de la tête une voûte idéale qui s'oppose à toute croissance. C'est alors la mort de l'espèce ; et la nature, abandonnant avec dédain son œuvre, recommence à pétrir, pour en tirer une nouvelle forme, le limon initial. Le rêve d'une transformation indéfinie des espèces actuelles est une pure chimère ; elles disparaîtront une à une, selon leur ordre d'ancienneté, selon aussi leur faculté d'adaptation au milieu changeant, et l'on peut prévoir, si la terre dure, des temps lointains où une faune inimaginable aura remplacé la faune d'aujourd'hui, et l'homme même.

L'homme est un métazoaire, c'est-à-dire un animal à pluricellules différenciées, comme l'éponge, comme le rotifère, comme l'annélide. Il appartient à la série des artizoaires : une tête, un ventre, un dos, symétrie bilatérale ; à l'embranchement des vertébrés : squelette interne, cartilagineux ou osseux ; à la classe des mammifères, à la sous-classe des placentaires, au groupe des primates, non loin des chiroptères et des rongeurs.

Au point de vue du mécanisme de la transmission de la vie, les animaux se divisent un peu différemment. D'une part, le bourgeonnement et la division, ou scissiparité, se prolongent assez loin dans la série des métazoaires, concurremment avec la reproduction sexuée ; d'autre part, il y a chez les protozoaires des phénomènes de conjugaison, une union de cellules, qui ressemble à la fécondation véritable et en joue le rôle : sans la régénération nucléaire qui en est le but et la conséquence, la segmentation ni le bourgeonnement ne sauraient avoir lieu, du moins indéfiniment.

En somme, la reproduction des êtres est toujours sexuelle ; seulement elle se produit dans un cas, les protozoaires, avec des éléments non différenciés, et dans l'autre, les métazoaires, avec des éléments différenciés, l'un mâle, l'autre femelle. Si l'on coupe en morceaux une éponge, une hydre, on obtient autant d'individus nouveaux. Ces individus ayant accompli leur croissance, on peut les couper encore avec le même succès, et cela très longtemps, mais non à l'infini. À un moment variable, après un certain nombre de générations par fragmentation, il se produit une sénescence dans les individus ainsi obtenus : coupés, les morceaux restent inertes. Ainsi cette sorte de parthénogenèse artificielle a une limite comme la parthénogenèse normale : pour que les individus retrouvent leur force parthénogénétique, il faut leur laisser le temps de régénérer leurs cellules par la conjugaison qui les féconde.

Toute fécondation n'est sans doute qu'un rajeunissement ; ainsi considérée, elle est uniforme dans toute la série animale et même végétale. On devrait faire des expériences sur le bouturage et chercher à quel moment la bouture de bouture commence à diminuer de vitalité. Conjugaison et fécondation ont un même résultat : il faut que les cellules A s'unissent aux cellules B (macro-nucléus et micro-nucléus des protozoaires ; ovule et spermatozoïde des métazoaires), pour que l'organisme ait le pouvoir d'extérioriser utilement une partie de sa substance. Quand l'organisme, trop complexe, a perdu la faculté primitive de la segmentation, il se sert directement, pour se reproduire, de certaines cellules différenciées dans ce but : ce sont elles qui, mises en un tout, se réintègrent et donnent naissance à un double de l'individu ou des individus générateurs. Du haut en bas de l'échelle sexuelle, l'être nouveau sort invariablement d'une dualité. La multiplication n'a lieu que dans l'espace. Dans le temps, ce qui se produit, c'est un resserrement : deux donnent un.

La scissiparité est compatible avec l'existence même de sexes séparés, comme dans l'étoile de mer. Cet animal fantastique, sans autre instrument que ses ventouses, ouvre les huîtres, les enveloppe de son estomac qu'elle dévagine (qu'elle vomit), les dévore. Il n'est pas moins curieux par la variété de ses modes de reproduction, soit qu'il se serve de son appareil sexuel, soit qu'il bourgeonne, soit qu'il se sépare de l'un de ses bras, matière d'un nouvel être. Le classement des animaux d'après leur mode de reproduction serait fort difficile : on serait encore arrêté par l'hermaphrodisme. Ce mode, sans doute, est primitif, puisque son type est la conjugaison des protozoaires ; mais il se complique singulièrement, quand il persiste, au moment, par exemple, où il s'épanouit dans la série des mollusques, ces êtres dont quelques-uns sont si luxurieusement organisés pour l'amour. Sa forme simple, qui est des plus naïves, le sperme et les œufs produits simultanément à l'intérieur d'un même individu, ne se rencontre qu'en des organismes encore inférieurs. La parthénogenèse normale appartient également à des animaux sommaires et à des animaux compliqués, aux rotifères et aux abeilles. Chez les arthropodes, c'est-à-dire les insectes en général, les sexes sont toujours séparés, sauf chez quelques arachnides tardigrades- ; mais ce sont eux qui présentent les plus beaux cas de parthénogenèse, de génération sans le secours du mâle. Le mot ne doit pas être pris à la lettre. De même qu'il n'y a pas de scissiparité indéfinie, sans conjugaison, il n'y a pas de parthénogenèse indéfinie sans fécondation : la femelle est fécondée pour plusieurs générations qui se transmettent ce même pouvoir ; mais vient un jour où de la femelle qui n'a pas connu le mâle naissent des mâles et des femelles. Ils s'accouplent et produisent des femelles douées de la faculté parthénogénétique. Cela a été longtemps un mystère, — et c'en est encore un, car, à côté de la parthénogenèse normale, il y a l'irrégulière, il y a les cas où, sans que l'on sache pourquoi, des œufs non fécondés se comportent exactement comme des œufs fécondés.

Le cycle parthénogénétique des pucerons est célèbre ; celui des rotifères n'est pas moins curieux. Les mâles, plus petits, ne vivent que deux ou trois jours, s'accouplent, meurent. Les femelles fécondées pondent des œufs d'où ne naîtront que des femelles si les œufs ne subissent pas une température supérieure à dix-huit degrés ; au-dessus, les œufs donnent des mâles. Entre les périodes d'accouplement, il y a de longues parthénogenèses ; il ne naît que des femelles produisant des femelles, jusqu'à ce que la température ait permis enfin l'éclosion des mâles. En deux ans, le puceron a dix ou douze générations parthénogénétiques. Au mois de juillet de la deuxième année, on voit paraître des individus ailés ; ce sont encore des femelles, mais de deux tailles et pondant de deux grosseurs : les moindres produisent des mâles (le mâle est trois ou quatre fois plus petit que la femelle), les autres des femelles, l'accouplement a lieu et le cycle recommence.

On crut longtemps que les pucerons étaient de vrais androgynes. Réaumur et Bonnet, ayant vu des pucerons bien isolés se reproduire, en étaient convaincus, lorsqu'un homme de génie, Trembley, célèbre aussi par ses observations sur l'hydre, émit cette idée : Qui sait si, chez les pucerons, un accouplement ne féconde pas plusieurs générations ? Il avait découvert le principe de la parthénogenèse. Les faits lui donnèrent raison. Bonnet décrivit le mâle et la femelle, vit l'accouplement et constata même l'ardeur génitale de ce gluant pou des feuilles, de cette vache à lait des fourmis.

La parthénogenèse est une indication. Rien ne montre mieux l'importance du mâle et la précision de sa fonction. La femelle semble tout ; sans le mâle, elle n'est rien. C'est la mécanique qui, pour marcher, doit être remontée. Mais le mâle n'est qu'une clef. On a essayé d'obtenir la fécondation à l'aide de fausses clefs. Des œufs d'oursins, d'étoiles de mer, ont été amenés à l'éclosion par le contact d'excitants chimiques, acides, alcalins, sucre, sel, alcool, éther, chloroforme, strychnine, gaz, acide carbonique. On n'a pu cependant mener jusqu'à l'âge adulte ces larves scientifiques et tout tend à démontrer que, si on y parvenait, et si ces êtres artificiels étaient capables de reproduction, ce ne serait que pour une période limitée. Cette parthénogenèse provoquée n'est ni plus ni moins mystérieuse que l'autre. Elle est anormale, sans doute, mais la parthénogenèse anormale est assez fréquente dans la nature : des œufs de bombyx, d'étoiles de mer, de grenouilles, éclosent parfois sans fécondation et très probablement parce qu'ils ont rencontré, de cas fortuit, cet excitant que d'excellents expérimentateurs leur ont prodigué. Que le sperme agisse comme fécondant ou comme excitant, son action ne sera pas plus facile à comprendre sous le second terme que sous le premier. La reine abeille pond des œufs fécondés et des œufs non fécondés ; les premiers donnent des femelles, les seconds ne donnent jamais que des mâles : ici l'élément mâle serait le produit d'une parthénogenèse, tandis que l'élément femelle nécessiterait la fécondation préalable. C'est le contraire chez les pucerons, où se suivent durant près de deux ans des générations de femelles. Il y a un ordre en ces matières, comme en tout, mais il n'est pas encore visible : on aperçoit seulement que, si longue et si variée que soit la période parthénogénétique, elle est limitée par la nécessité, pour le principe femelle, de s'unir au principe mâle. Après tout, la fécondation héréditaire n'est pas plus extraordinaire que la fécondation particulière : c'est un mode de perpétuer la vie que l'exercice de la raison doit faire considérer comme parfaitement normal.

Il faut, maintenant, à la fin de ce chapitre sommaire, oser dire que la fécondation, telle qu'on la comprend vulgairement, est une illusion. À prendre l'homme et la femme (ou n'importe quel métazoaire dioïque), l'homme ne féconde pas la femme ; ce qui se passe est à la fois plus mystérieux et plus simple. Du mâle A, du grand mâle, et de la grande femelle B naissent sans fécondation aucune, spontanément, des petits mâles *a* et des petites femelles *b*. Ces petits mâles sont appelés spermatozoïdes, et ces petites femelles, ovules ; c'est entre ces deux êtres nouveaux, entre ces spores, que se produit la conjugaison fécondatrice. On voit alors a et b se résoudre en un troisième animal, *x*, lequel, par accroissement naturel, deviendra, soit A, soit B. Alors le cycle recommence. L'union qui a lieu entre A et B n'est qu'une préparation ; A et B ne sont que des canaux qui véhiculent *a* et *b*, et souvent de bien plus loin qu'eux-mêmes. Comme les pucerons ou les bourdons, les mammifères, et nommément l'homme, sont soumis à la génération alternée, une parthénogenèse séparant toujours la conjugaison véritable des éléments différenciés. L'accouplement n'est pas la fécondation ; il n'en est que le mécanisme ; son utilité n'est que de mettre en relation deux produits parthénogénétiques. Cette relation s'opère dans la femelle, ou hors de la femelle (poissons) : le milieu a une importance de fait, non de principe.

Chapitre 4

LE DIMORPHISME SEXUEL

I. Invertébrés.—Formation du mâle.—Primitivité de la femelle.—Mâles minuscules: la bonellie.—Régression du mâle en organe mâle: les cirripèdes.—Généralité du dimorphisme sexuel.—Supériorité de la femelle chez la plupart des insectes.—Exceptions.—Le dimorphisme numérique.—La femelle chez les hyménoptères.—Multiplicité de ses activités.—Rôle purement sexuel du mâle.—Dimorphisme des fourmis, des termites.—Cigales et grillons.—Les araignées.—Les coléoptères. —Le ver luisant.—Étrangeté du dimorphisme chez la cochenille.

À un moment assez imprécis de l'évolution générale, l'organe mâle se spécialise en individu mâle. C'est ce qu'aurait dû figurer le symbolisme religieux. La femelle est primitive. Au troisième mois, l'embryon humain a des organes uro-génitaux externes qui ressemblent clairement aux organes féminins. Ils n'ont plus, pour arriver à l'état féminin parfait, qu'une légère modification à subir ; pour devenir masculins, ils doivent subir une transformation considérable et très complexe. Les organes génitaux externes de la femme ne sont donc pas, comme on l'a dit souvent, le produit d'un arrêt de développement ; ce sont au contraire les organes mâles qui subissent un développement supplémentaire, et d'ailleurs inutile, car le pénis est un luxe et un danger : tel oiseau, qui s'en passe, n'en est pas moins luxurieux.

On trouvera une preuve générale de la primitivité de l'état femelle dans la petitesse extrême de certains mâles d'invertébrés, si minuscules qu'on ne peut vraiment les considérer que comme des organes mâles autonomes, ou même comme des spermatozoïdes. Le mâle des syngames (c'est un parasite interne des oiseaux) est moins un être qu'un appendice ; il demeure en état de contact perpétuel avec les organes de la femelle, inséré obliquement sur son côté, justifiant le nom de « ver à deux têtes » qu'on a donné à cette vilaine bestiole double. La bonellie femelle est un ver marin en forme de sac cornu d'une longueur de quinze centimètres ; le mâle est représenté par un minuscule filament de un à deux millimètres, c'est-à-dire qu'il est environ mille fois plus petit. Chaque femelle en nourrit une vingtaine. Ils vivent d'abord dans son œsophage, puis descendent dans l'oviducte où ils fécondent les œufs. Leur fonction très précisée les sauve seule de l'accusation de parasitisme ; en fait, on les a pris longtemps pour des parasites, cependant que l'on cherchait en vain le mâle de cette prodigieuse bonellie.

Parallèlement au mâle, qui n'est qu'un organe sexuel individualisé, on voit des mâles qui ont perdu à peu près tous leurs organes, sauf l'organe mâle lui-même. Certains cirripèdes (mollusques attachés par un pédoncule) hermaphrodites se sont fixés en parasites dans le manteau d'autres cirripèdes : de là, diminution de volume, régression des ovaires, abolition des fonctions nutritives, le pédoncule prenant racine dans un milieu vivant et nourrissant. Mais un organe subsiste en ces amoindris, l'organe mâle, et il prend même des proportions énormes, absorbant l'animal tout entier. Il s'en faut donc de peu que la transformation du mâle en pur organe sexuel ne soit entièrement accomplie, comme on l'observe, d'ailleurs, chez les hydraires. Redevenu partie intégrante d'un organisme dont il s'est antérieurement séparé pour devenir un individu, le mâle ne fait que retourner à ses origines, et ainsi les certifie.

La bonellie, qui est un des cas les plus accusés de dimorphisme, est aussi un exemple de ce féminisme particulier que l'on rencontre normalement dans la nature.

Car le féminisme règne dans la nature, surtout dans les espèces inférieures et parmi les insectes. Ce n'est guère que dans la série des mammifères et dans certains groupes d'oiseaux que le mâle est égal ou supérieur à la femelle. On dirait qu'il a conquis lentement une première place que la nature ne lui destinait pas. Il est possible que, soulagé de tout souci, la fécondation terminée, il ait eu, plus que la femelle, le loisir de cultiver sa force. Il est possible aussi, et plus probable, que ces états extrêmement divers de ressemblance et de dissemblance soient dus à des causes trop nombreuses et trop variées pour que nous puissions en saisir l'enchaînement logique. Les faits sont évidents : le mâle et la femelle diffèrent presque toujours et très souvent diffèrent profondément. Que d'insectes pris vulgairement pour des espèces diverses ne sont autre chose que des mâles et des femelles se cherchant pour la pariade ! Et ne faut-il pas une certaine connaissance des oiseaux pour réunir en un couple ces deux merles, l'un, le mâle, tout noir, l'autre, la femelle, dos brun, gorge grise et ventre roux ?

Tandis que l'hermaphrodisme exige nécessairement la similitude parfaite des individus — sauf au cas, comme dans les cirripèdes, d'un mâle parasite supplémentaire, — la séparation des sexes entraîne en principe le dimorphisme, le rôle du mâle, ses modes d'activité, différant de ceux de la femelle. Cette différence se rencontre aussi bien parmi les plantes dioïques. L'exemple du chanvre est connu, quoique à rebours, car les pieds que les paysans appellent mâles, et qui sont les plus hauts, représentent précisément les femelles. La petite ortie, celle qui aime les jardins, a les deux sexes sur le même pied ; la grande, celle qui préfère les terres incultes, est dioïque : le pied mâle a les feuilles très longues, qui retombent, ainsi que les grappes de ses fleurs, le long de la tige ; les feuilles et les fleurs du pied femelle sont courtes et se dressent presque droites. Ici le dimorphisme n'est pas en faveur de la femelle, il est indifférent.

Chez les insectes, la femelle est presque toujours l'individu supérieur. Ce n'est pas ce petit animal merveilleux, roi divergent et minuscule de la nature, qui donnerait le spectacle de cette douve, la bilhargie, dont la femelle, médiocre lame, vit, telle une épée au fourreau, dans le ventre creusé du mâle ! Cette vie lâche, ces amours perpétuelles, feraient horreur à ces courageuses femelles scarabées, à ces adroites chalicodomes, à ces lycoses sages et froides, à ces fières et terribles guerrières, les mantes. Dans le monde de l'insecte, le mâle est le sexe élégant et frêle, le sexe doux et sobre, sans autre industrie que de plaire et d'aimer. C'est à la femelle que reviennent les rudes travaux du puisatier et du maçon, les dangers de la chasse et de la guerre.

Il y a des exceptions, mais on les rencontrerait surtout parmi les parasites, ces dégradés ; tel le xénos, qui vit indistinctement sur les guêpes, les coléoptères et les névroptères. Le mâle est pourvu de deux larges ailes ; la femelle n'a ni ailes, ni pattes, ni yeux, ni antennes : c'est un petit ver. Après la métamorphose, le mâle sort, vole quelque peu, puis revient vers la femelle restée à l'intérieur de l'enveloppe nymphale, et la féconde dans ses langes.

D'autres exceptions, celles-ci normales, sont fournies par les papillons, c'est-à-dire par un genre d'insectes fort placides et qui, sous cette forme, du moins, ne se livrent ni à la chasse, ni à aucun métier. On appelle psyché un très petit papillon qui volette le matin assez gauchement : c'est le mâle. La femelle est un ver énorme, quinze fois plus long, dix fois plus gros. Les amants sont dans la proportion d'un coq et d'une vache. Ici, le féminisme est dérisoire. Même disproportion chez le bombyx du mûrier dont la femelle, beaucoup plus lourde que le mâle, ne vole qu'avec peine, bête passive qui supporte un accouplement de plusieurs heures ; chez un papillon d'automne, la cheimatobia, dont le mâle a deux paires de belles ailes sur un corps en fuseau, dont la femelle est un tonnelet gros et gras aux ailes rudimentaires, incapable de voler, grimpant péniblement aux arbres où sa chenille se nourrit de bourgeons ; chez un autre papillon encore, celui que l'on nomme si absurdement orgye, dont le mâle a tous les caractères du lépidoptère, cependant que la femelle, sans presque d'ailes sur un corps renflé et lourd, simule l'aspect gracieux, d'un monstrueux cloporte ; chez le grêle, agile et fin liparis que le dessin de ses ailes a fait nommer le zigzag et qui méconnaîtrait, sans la puissance de l'instinct, sa femelle dans cette bête blanchâtre au lourd abdomen, qui rumine immobile sur l'écorce des arbres. Des espèces voisines, le moine, le culbrun, le cul-doré, ne présentent que fort peu de différences sexuelles.

Après le dimorphisme de masse, le dimorphisme numérique ; un papillon des îles Marquises forme une famille ainsi composée : un mâle et cinq femelles toutes différentes, tellement diverses qu'on les a crues longtemps espèces distinctes. Ici l'avantage est clairement pour le mâle, seigneur d'un merveilleux harem. La nature, profondément ignorante de nos mesquines idées de justice et d'égalité, gâte infiniment certaines espèces animales, au même moment qu'elle se prouve envers d'autres indifférente ou dure ; et tantôt, c'est le mâle qu'elle veut privilégié, et tantôt c'est la femelle, en qui elle accumule toutes les supériorités et aussi toutes les cruautés et tous les dédains.

Les hyménoptères comprennent les abeilles et les bourdons, les guêpes, les scolies, les fourmis, les maçonnes, les sphex, les bembex, les osmies, etc. Ce sont parmi les insectes ce que représentent, au milieu des mammifères, les primates et même les humains. Mais, tandis que la femme, sans être animalement inférieure à son mâle, reste au-dessous de lui en presque toutes les activités intellectuelles, chez les hyménoptères, la femelle est à la fois le cerveau et l'outil, l'ingénieur, le manœuvre, l'amante, la mère et la nourrice, à moins que, comme l'abeille, elle n'ait rejeté sur un troisième sexe tous les soins qui ne sont pas uniquement sexuels. Les mâles font l'amour. Le mâle du tachyte, sorte de guêpe voisine du sphex, est environ huit fois plus petit que la femelle, mais c'est un petit amant très ardent et outillé à merveille pour la quête amoureuse : ce diadème couleur de citron, ce sont des yeux ;, une ceinture d'yeux, énormes, un phare d'où il explore l'horizon, prêt à tomber comme une flèche sur la femelle qui rôde. Fécondée, la tachyte se fait un nid cellulaire où elle entasse la terrible mante, dont elle est l'ennemie toujours victorieuse : sachant d'avance, intuition incompréhensible, si l'œuf qu'elle va pondre est mâle ou femelle, elle augmente ou diminue, selon le sexe futur, les provisions dont se nourrira la larve : le minuscule mâle est servi d'une portion naine.

Le mâle du frelon est notablement plus petit que la femelle ; le frelon neutre est moindre encore. Le lophyre du pin est noir, la femelle est jaune. Chez la chalicodome ou abeille maçonne, le mâle est roux ; la femelle, bien plus belle, est d'un beau noir velouté avec les ailes violet sombre. Pendant que le mâle flâne et bourdonne, la femelle construit avec un art patient le nid de mortier ingénieusement couvert d'un large dôme où vivra, à l'état larvaire, sa progéniture. Cette abeille vit en colonies, mais où le travail est individuel, chacun achevant son labeur sans s'occuper de son voisin, si ce n'est parfois pour le piller et le frustrer de son œuvre, type d'une civilisation qui ne nous est pas inconnue. La femelle maçonne est armée, quoique nullement agressive.

Chez beaucoup d'hyménoptères, la femelle porte seule l'épée ; telle la guêpe dorée, dorée sur fond bleu ou rouge, qui peut faire saillir de son abdomen un long aiguillon ; telle la femelle du philanthe, qui est carnivore cependant que le mâle, inerme et puéril, se nourrit du pollen des fleurs. Sans dédaigner ce dessert naturel, la philanthe, pourvue d'un dard puissant, poignarde l'abeille chargée de nectar et lui pompe le jabot. On voit la féroce petite bête pétrir, durant près d'une demi-heure, l'abeille morte, la pressurer comme un citron, y boire comme à une gourde. Mœurs charmantes, candeur de ces topazes ailées qui bruissent autour des fleurs ! Fabre a trouvé une excuse à cette sadique gourmandise : la philanthe tue les abeilles pour en nourrir ses larves, lesquelles ont une si grande répugnance pour le miel qu'elles périssent à son contact ; et c'est par dévouement maternel qu'elles s'enivrent de ce poison ! Tout est possible dans la nature. Mais il ne serait pas, semble-t-il, déraisonnable de dire que si les larves de la philanthe exècrent le miel, c'est parce que leur mère, qui l'aime beaucoup, ne leur en a jamais donné une goutte.

Remy de Gourmont

Un des rares hyménoptères dont la femelle paraisse inférieure est la mutille, fourmi-araignée. Le mâle est le plus gros, il a des ailes et vit sur les fleurs. La femelle est aptère, mais pourvue d'un appareil stridulant par lequel elle attire l'attention du mâle. Le mâle d'un des cynips des galles du chêne, le cynips terminal, a le corps fauve, avec de grandes ailes diaphanes ; la femelle, brune et noire, n'a pas d'ailes. Les deux sexes du cimbex jaune diffèrent tant de forme et de couleur, le mâle svelte et brun avec une tache jaune, la femelle ronde, abdomen jaune, tête noire, qu'on les a longtemps crus deux espèces différentes.

Les fourmis, on le sait, de même que tous les hyménoptères sociaux se divisent en trois sexes : des femelles et des mâles également ailés et des neutres sans ailes. La fécondation se fait dans les airs ; les amants montent, se joignent, retombent enlacés, nuage d'or que la mort des mâles va dissoudre, cependant que les femelles, perdant leurs ailes, rentrent au logis pour la ponte. Les ouvrières, ou neutres, sont généralement plus petites ; cela est sensible chez les grosses rouges des bois qui se creusent des abris dans les souches. Les fourmis blanches ou termites [1] montrent un dimorphisme très accentué : la femelle, ou reine, sa tête ayant à peu près la grosseur d'une tête d'abeille, exhibe un ventre de la grosseur du doigt et long en proportion, qui arrive à être quinze cents fois plus gros que le reste du corps. Ce tonneau sexuel pond continuellement, sans relâche aucune, à la vitesse d'un oeuf par seconde. Le mâle, et c'est la vision même de la géante de Baudelaire, vit à l'ombre de cette femelle formidable, montagne de force et de luxure. Il y a chez les termites, non un quatrième sexe, mais une quatrième manière d'être asexué. À côté des ouvriers, sont les soldats ; ils en diffèrent par de puissantes mandibules plantées sur une tête énorme. Tout est extraordinaire chez les termites : leurs nids en cônes atteignent, relativement à l'homme et à ses maisons, une hauteur de cinq à six cents mètres.

Moustiques, maringouins, tous les insectes du genre simulie, les femelles seules piquent les mammifères et sucent leur sang. Il en est de même chez les taons. Les mâles vivent sur les fleurs, sur les troncs d'arbres. On les voit voler le long des allées ou des clairières, dans les bois, avec un mouvement régulier de manège ; ils sont à l'affût, guettent les femelles : dès qu'un mâle a pu en saisir une, il l'enlève, disparaît en l'air où a lieu la pariade. Seul le grillon a un appareil stridulent ; seule la femelle a un organe auditif : il est situé dans les jambes antérieures. C'est également le mâle qui bruit chez les cigales. Est-ce un appel d'amour ? On le dit, mais on ne l'a jamais prouvé. Les cigales, mâles et femelles, vivent en complète

Physique de l'Amour

promiscuité, rangées sur l'écorce des arbres : tant de musique est inutile, et d'ailleurs si la cigale n'est pas sourde, elle a l'ouïe presque insensible. Il est probable que le chant des insectes et des oiseaux, s'il est parfois un appel d'amour, n'est le plus souvent qu'un exercice physiologique, à la fois nécessaire et désintéressé. Fabre, qui a vécu toute sa vie parmi les implacables bruits de la campagne provençale, ne voit « dans le violon de la sauterelle, dans la cornemuse de la rainette, dans les cymbales du cacan, que des moyens propres à témoigner la joie de vivre, l'universelle joie que chaque espèce animale célèbre à sa manière [2] ». Mais alors pourquoi la femelle est-elle muette ? Appeler, de l'aurore au crépuscule, par un chant presque continu, la compagne que l'on voit près de soi occupée à pomper la sève d'un platane est certainement absurde, étant profondément inutile ; mais il n'en a peut-être pas toujours été ainsi. Les deux sexes ont peut-être eu jadis des mœurs moins uniformes. Le platane qui les a réunis dans la même pâture n'a pas toujours poussé en Provence. Ce chant perpétuel a été utile en un temps où les sexes vivaient séparés ; il est resté le témoin d'habitudes anciennes. C'est d'ailleurs un fait d'observation générale que les activités suivirent souvent à leur période d'utilité. L'homme et tous les animaux sont pleins de gestes maniaques dont le mouvement n'est explicable que par l'hypothèse d'une finalité antérieure et différente.

Presque toujours l'araignée femelle est supérieure au mâle, en taille, en industrie, en activité, en moyens de défense et d'attaque. On verra plus loin leurs mœurs sexuelles ; mais il faut noter ici leurs cas particuliers de dimorphisme. Une épeire de Madagascar est énorme et fort belle, noire, rouge, argent et or. Elle installe sous les arbres une toile formidable près de laquelle on voit toujours un petit réseau modeste et puéril : c'est l'œuvre d'un minuscule mâle qui guette anxieux le moment d'aborder la terrible amante, d'oser les redoutables noces où il y va de sa vie. L'argyronète, ou araignée d'eau, donne sa revanche au mâle : il est plus gros, plus grand, pourvu de pattes plus longues.

Le mâle triomphe encore, et bien plus fréquemment, dans le monde des coléoptères. Sur la tête du scarabée appelé nasicorne, et jamais nom ne fut plus exact, se dresse, en effet, une longue corne arquée, recourbée en arrière, et tout son thorax est solidement cuirassé : la femelle n'a ni corne ni cuirasse. Tout le monde connaît le cerf-volant ou lucane, cet énorme coléoptère qui vole, certains soirs d'été, en bourdonnant comme une toupie. Il est fort redouté à cause de l'air méchant que lui donnent ses deux longues mandibules ramifiées en forme de bois de cerf et que le vulgaire prend pour un dangereux étau. C'est le mâle. Son appareil guerrier est un pur ornement, car, bête inoffensive, le lucane vit de lécher le suc des arbres. Les femelles, bien plus petites, sont dénuées de tout appareil guerrier ; elles sont en très petit nombre et c'est en s'exaltant à leur recherche que le mâle, dont la vie est brève, et qui le sent, tourbillonne comme un fou et se cogne à nos oreilles, qui en tremblent. Ici encore, on devine des animaux qui ont changé de mœurs plus vite que d'organes. Le vieux pirate a conservé ses poignards et ses haches, mais a donné désormais, on ne sait pourquoi, au régime végétarien, il a perdu jusqu'à la force de s'en servir ; ce n'est plus qu'un figurant. Mais peut-être que ce harnachement impressionne la femelle ? Elle cède plus volontiers à ce matamore qui lui donne l'illusion de la force, cette beauté des mâles.

Le ver luisant est bien un ver ; c'est une larve plutôt qu'un animal définitif. Mais le mâle de cette femelle est un insecte parfait, pourvu d'ailes et qui s'en sert pour chercher dans la nuit celle qui brille d'autant plus que son désir est plus vif d'être vue et cavalée. Il y a une variété de lampyres où les deux sexes sont également lumineux, l'un dans l'air, le mâle, l'autre, la femelle, à terre, où elle attend le mâle. Dès que l'accouplement est terminé, ils s'éteignent comme des lampes. Il est donc évident que cette luminosité est d'un intérêt purement sexuel. Quand la femelle voit la petite étoile volante descendre vers elle, elle rassemble ses esprits, se prépare à cette défense hypocrite, commune à tout son sexe, se fait belle et timide, exulte de peur et tremble de joie. La lueur qui s'éteint est bien symbolique de la destinée de presque tous les insectes et de beaucoup d'autres animaux : l'amour accompli, leur raison disparaît et la vie s'évanouit.

Le mâle de la cochenille a le corps allongé, avec des ailes très déliées, transparentes et qui ressemblent de loin à des ailes d'abeille ; il est pourvu d'une sorte de queue formée de deux longues soies. On le voit voler autour des nopals, tout d'un coup se poser sur la femelle, qui ressemble à un gros cloporte rond et bombé. Deux fois grosse comme le mâle, privée d'ailes, attachée par les pattes à une branche où pénètre sa trompe, pompe en perpétuelle activité, elle a l'aspect d'un fruit, d'une galle à pédoncule, ce qui lui a fait donner par Réaumur le nom pittoresque de gallinsecte. En certaines espèces de coccidés, le mâle est si petit qu'il donne la proportion d'une fourmi se promenant sur une pêche. Ses allées et venues sont toutes pareilles à celles de la fourmi qui cherche pour y mordre un point tendre ; mais lui, ce qu'il cherche, c'est la fente génitale : l'ayant trouvée, souvent après de longues et anxieuses explorations, il l'emplit de ses œuvres, puis se détache, tombe, meurt.

---

1. Ce sont des névroptères, ou pseudo-névroptères ; mais leurs mœurs les rapprochent décidément des hyménoptères sociaux.
2. *Souvenirs entomologiques*, tome V, p. 265.

Chapitre 5

LE DIMORPHISME SEXUEL

II. Vertébrés.—Insensible chez les poissons, les sauriens, les reptiles.—Le monde des oiseaux.—Dimorphisme favorable aux mâles : le loriot, les faisans, le combattant.—Paons et dindons.—Les paradisiers.—Le dimorphisme modéré des mammifères.—Effets de la castration sur le dimorphisme.

Les différences sexuelles sont généralement insensibles parmi les poissons, les reptiles, les sauriens. Elles s'accentuent quand on arrive aux vertébrés supérieurs, aux oiseaux et aux mammifères, mais sans jamais atteindre à l'extrême dissemblance qui caractérise un grand nombre d'arthropodes. Chez les oiseaux, la disparité sera de coloration, de volume, de longueur, forme et frisure des plumes ; chez les mammifères, de taille, de poil, de barbe, de cornes. Parfois la femelle des oiseaux est plus belle ou plus forte ; plus forte, d'envergure plus puissante chez le serpentaire, le busard, le faucon, le vautour cendré et beaucoup de rapaces ; plus belle chez les turnices de l'Inde. L'un d'eux, le phalarope gris, résout en faveur des femelles le rêve des femmes : il laisse à sa compagne les brillantes couleurs, se contente de l'habit le plus terne et, ne pouvant pondre, assume cependant la suite des soins maternels : c'est lui qui couve.

En général, dans le monde des oiseaux, la nature est favorable au mâle. C'est un prince dont l'épouse semble morganatique. Souvent plus petite, comme la canepetière (sorte d'outarde), la fauvette des jardins, elle est presque toujours vêtue telle qu'une Cendrillon. Les oiseaux que les femmes font massacrer par millions pour se déguiser en perruches ou en geais, ce sont des mâles pour la plupart : leurs sœurs à plumes ont de modestes robes, et l'on dirait que cette humilité, devenue favorable aux espèces, a été voulue par la nature, en prévision de la bêtise et de la méchanceté humaines. Ce loriot jaune d'or, aux ailes et à la queue noires, a pour amante un moineau vêtu de brun, de verdâtre et de gris. Le faisan argenté (qui est un faux faisan) exhibe une huppe noire surgissant de sa nuque blanc d'argent ; son cou et son dos sont du même métal ; son ventre sombre a des reflets bleus ; son bec est bleu ; ses joues, rouges, et rouges, ses pattes. Plus petite, la femelle vêt tristement son ventre d'une chemise blanchâtre, son dos, d'un manteau roux. Chez le vrai faisan, le dimorphisme est encore plus accentué. Le mâle (il s'agit du faisan commun), grand et fier, et qui se laisse admirer volontiers, est, sur la nuque et le cou, vert foncé ; sur le dos, les flancs, le Ventre, la poitrine, rouge cuivre à reflets violets ; sa queue est rousse avec des bandes noires ; une touffe mordorée s'épanouit sur sa tête, et le tour de l'œil est d'un rouge vif. Bien plus petite, l'humble femelle se couvre d'un plumage terreux, tacheté de noir. Le beau faisan doré est en effet tout en or, or sur vert. Sa queue et ses ailes jaunes, son ventre rouge safran achèvent la splendeur de ce merveilleux mâle. La femelle se contente d'une pelisse terre de Sienne qui couvre son dos et retombe sur son ventre peint en ocre.

Une petite tête sortant d'un énorme tour de cou de blanches plumes ébouriffées ; un corps moyen ; deux longues pattes. C'est le combattant. Il faut ajouter à la tête un bec effilé, orné à la base d'une grappe de raisin rouge. On ne sait de quelle couleur est le mâle ; il est de toutes les couleurs. On l'a laissé blanc, on le retrouve roux ; il était noir, le voici violet ; plus tard, il apparaîtra tacheté ou barré dans les tons les plus divers.

Son tour de cou est un ornement et un bouclier ; il le perd, et sa grappe de raisin, passée l'époque des amours et des combats. Cette instabilité de plumage concorde d'une façon curieuse avec l'instabilité du caractère ; nul animal n'est plus irritable, plus disputeur. On ne peut les conserver en captivité que solitaires ou dans l'obscurité. La femelle, un peu moins turbulente, ne change jamais de robe, invariablement grise avec, sur le dos, un peu de brun.

Paons et dindons, les mâles seuls peuvent étaler leur queue en éventail, faire la roue ; et seul fait la roue le mâle de l'outarde, seul pourvu aussi de ses grandes barbes. La femelle du ménure dresse comme le mâle une lyre de plumes : mais c'est une terne et médiocre imitation de celle de son maître, qui brille de tous les tons, s'élève et se courbe avec une grâce si paradoxale.

Chez l'oiseau du paradis, le dimorphisme est encore plus net que chez les espèces précédentes. La nuque jaune citron, la gorge verte, le front noir, le dos châtain brûlé, le mâle orne encore sa queue de deux longues pennes, et ses flancs de deux belles plumes effilées, jaune orange, ponctuées de rouge, qu'il étale comme des rames ou resserre à volonté ; la femelle, de couleur terne, est dépourvue de tout ornement. C'est entre l'œil et l'oreille qu'un oiseau voisin des paradisiers, le sifilet, s'attache deux fines plumes longues comme deux fois son corps, et qui flottent, quand il marche, banderoles blanches à reflets bleus. C'est un attirail d'amant, dont la femelle est par conséquent dépourvue, et que le mâle perd sitôt après l'accouplement.

Les dissemblances du coq et de la poule sont assez précises pour donner à tout le monde l'idée nette du dimorphisme chez les oiseaux et montrer, parallèle à la différence des formes, la différence des caractères.

Encore moins souvent que chez les oiseaux, le dimorphisme des mammifères est rarement favorable aux femelles. On n'en citera qu'un exemple, pris chez le tapir d'Amérique, où le mâle est plus petit que la femelle. Presque toujours, c'est le contraire. Parfois les deux sexes sont d'apparence identique : couguars, chats, panthères, servals. S'il y a une règle, elle est difficile à formuler, car, à côté de ces félins sans dimorphisme sexuel, les tigres, voici les lions où les sexes déterminent nettement les formes générales.

Il y a, parmi les mammifères, des ressemblances bizarres et des différences baroques. La taupe mâle et la taupe femelle apparaissent à première vue identiques jusque dans leurs organes sexuels extérieurs, le clitoris de la femelle étant, tout ainsi que le pénis du mâle, perforé pour laisser passer l'urètre. Ici, la ressemblance morphologique n'implique nullement, comme on le verra plus loin, la parité des caractères : la femelle taupe est femelle excessivement. Une différence baroque, c'est celle qui distingue les deux sexes du phoque casqué, habitant du Groenland et de Terre-Neuve. Le mâle a la faculté de gonfler la peau de sa tête jusqu'à s'en faire un énorme casque. Dans quel but ? Peut-être pour effrayer de naïfs ennemis. Fidèle à son rôle de protégée, la femelle ignore cette simulation, propre aussi, par d'autres moyens, aux guerriers chinois, à quelques insectes, comme la mante, à des serpents, comme le cobra.

La femelle de l'ours brun, celle du kangourou, sont plus petites que leurs mâles. Dans toute la série du genre cerf, sauf chez le renne, les mâles seuls portent du bois, et c'est l'origine, nullement absurde, d'une très vieille plaisanterie, les biches étant d'ailleurs lascives et accueillant volontiers plusieurs mâles. Chez le taureau et la vache, les différences sexuelles sont encore assez marquées ; elles diminuent entre l'étalon et la jument, s'affaiblissent encore du chien à la chienne, deviennent nulles chez le chat. Dans tous les cas où le dimorphisme, peu accentué, est la conséquence directe de la possession d'organes spéciaux, la castration ramène le mâle vers le type femelle [1]. C'est aussi visible chez les bœufs que chez les eunuques ou les chevaux hongres. On peut voir dans ce fait une nouvelle preuve de la primitivité de l'état femelle, puisqu'il suffit de l'ablation des testicules pour donner au mâle cette mollesse de forme et de caractère qui signalent les femelles. La masculinité est une augmentation, une aggravation du type normal représenté par la féminité ; c'est un progrès, en ce sens que c'est un développement. Mais ce raisonnement, bon pour les mammifères, serait détestable pour les insectes, où l'accentuation du type est presque toujours fournie par la femelle. Il n'y a pas de lois générales dans la nature, si ce n'est celles qui régissent à la fois toute la matière. Avec la naissance de la vie, la tendance unique diverge aussitôt en lignes multiples.

Peut-être même faudrait-il placer bien plus loin le point de divergence, car un métal comme le radium semble différer autant des autres métaux qu'un hyménoptère diffère d'un gastéropode.

---

[1]. Il est vrai que la castration des femelles semble, au moins dans les espèces humaines, les incliner vers le type mâle. Les effets de la castration varient nécessairement selon l'âge du sujet.

Chapitre 6

LE DIMORPHISME SEXUEL

III. Vertébrés (suite).—L'homme et la femme. —Caractères et limites du dimorphisme humain.—Effets de la civilisation.—Le dimorphisme psychologique.—Le monde des insectes et le monde humain.—Le dimorphisme modéré, fondement du couple.—Solidité du couple humain.—Le dimorphisme et la polygamie.—Le couple favorise la femelle.—L'esthétique sexuelle.—Causes de la supériorité de la beauté féminine.

Chez les primates, le dimorphisme sexuel est peu accentué, surtout quand le mâle et la femelle vivent la même vie à l'air libre, partagent les mêmes travaux. Le gorille mâle, plus fort et très entêté, ne fuit aucun ennemi ; la femelle au contraire est presque craintive : surprise avec le mâle, elle crie, donne l'alarme et disparaît. Cependant, attaquée quand elle est seule avec son petit, elle tient tête. On distingue facilement l'orang mâle de la femelle ; le mâle est plus grand, pourvu de poils plus longs et plus touffus, seul orné autour de la face d'une barbe en collier ; les femelles ont les parties glabres de la peau beaucoup moins calleuses. Mais ce qui différencie grandement les deux sexes orangs et gorilles, c'est la possession par le mâle de deux énormes sacs vocaux qui lui descendent sur la poitrine, se prolongent jusque sous les aisselles.

Grâce à ces réservoirs d'air, à ces poches de biniou, gonflés à volonté, le mâle est capable de hurler très longtemps et avec une extrême violence ; chez la femelle, ces sacs restent très petits. D'autres singes, notamment les singes hurleurs, sont pourvus de ces magasins à air ; quelques mammifères aussi, bien connus pour l'extravagance de leurs

Physique de l'Amour

cris, putois, porcs. Des oiseaux et des batraciens ont des organes analogues.

De l'homme à la femme, le dimorphisme varie selon les races, ou plutôt les espèces. Très faible dans la plupart des variétés rouges ou noires, il s'accentue chez les Sémites, les Aryens, les Finnois. Mais il faut distinguer, dans l'homme comme dans tous les animaux à sexes séparés, le dimorphisme primaire, nécessaire, exigé par la spécialisation des organes sexuels et de leurs annexes et le dimorphisme secondaire dont la relation avec le sexe est moins évidente ou tout à fait incertaine. Limité à ce qui n'est pas sexuel, le dimorphisme humain est des plus faibles. Quasi nul dans la première enfance, il se développe aux approches de la puberté, se maintient durant la période génitale, s'atténue au point de disparaître, parfois, dans la vieillesse. Il varie individuellement, même aux années de la plus grande activité reproductrice, chez des êtres ou faiblement sexués, s'il s'agit de mâles, ou fortement sexués, s'il s'agit de femelles : c'est-à-dire qu'il y a des hommes et des femmes dont le type se rapproche beaucoup de ce type humain idéal que l'on formerait par la fusion des deux sexes ; ni les uns ni les autres d'ailleurs n'échappent au dimorphisme radical imposé par la différenciation des organes génitaux.

Laissées les exceptions, on constate entre l'homme et la femme un dimorphisme moyen et constant qui s'exprime ainsi, le mâle étant pris pour type : la femme est de moindre taille et de moindre force musculaire ; elle a les cheveux plus longs et, au contraire, le système pileux fort peu développé sur le reste du corps, les aisselles et le pubis exceptés ; sans parler des mamelles, du ventre et des hanches, dont la forme est sexuelle, elle est normalement plus grasse que le mâle et, ce qui en est la conséquence, de peau plus fine ; la capacité de son crâne est inférieure de 15 p. 100 environ (homme = 100 ; femme = 85) et son intelligence, moins spontanée, l'incline en général vers des activités uniquement pratiques. Dans les espèces humaines très inférieures, les crânes des deux sexes se différencient difficilement ; c'est le contraire parmi les races civilisées. La civilisation a certainement accentué le dimorphisme initial de l'homme et de la femme,—à moins qu'une des conditions mêmes de la civilisation ne soit précisément une différence notable et morphologique et psychologique entre les deux sexes. Dans ce cas, la civilisation n'aurait fait qu'accentuer un dimorphisme originaire. C'est plus probable, car on ne voit pas comment elle le créerait, s'il n'existait déjà, au moins à l'état de tendance très forte. Des travaux identiques, une même utilisation des activités instinctives ont pu réduire beaucoup chez le chien, par exemple, et le cheval, le dimorphisme des formes ; cela n'a eu aucune influence sur le dimorphisme psychologique. La culture de l'instinct n'a jamais pu effacer dans les races de chiens les plus spécialisées cette couleur particulière que l'instinct reçoit du sexe. Il est improbable que la culture intellectuelle puisse former des femmes dépouillées de cette couleur caractéristique que leur sexe donne à leur intelligence.

On se sert des mots instinct et intelligence pour flatter les préjugés. L'instinct n'est qu'un mode de l'intelligence.

Le dimorphisme est un fait constant dans la série animale. Favorable au mâle, favorable à la femelle, indifférent, il a toujours pour point de départ la nécessité sexuelle. Il y a une besogne à accomplir : la nature la partage également ou non entre le mâle et la femelle. Elle ignore la justice et l'égalité, soumet les uns aux plus rudes travaux, à la mutilation même, à la mort précoce, donne aux autres la liberté, les loisirs, de longues heures de douce vie. Il faut que le couple reproduise un certain nombre d'êtres pareils aux unités dont il est lui-même formé : tout moyen est bon qui atteint ce résultat, et qui l'atteint plus vite et plus sûrement. La nature, qui est impitoyable, est pressée aussi. Son imagination, toujours active, invente sans cesse de nouvelles formes qu'elle jette dans la vie, à mesure que les premières-nées achèvent leur cycle. Dans les mammifères supérieurs, et particulièrement dans les espèces humaines, le moyen employé par la nature pour assurer la perpétuité des types est la division du travail. La femelle de l'insecte,—laissés provisoirement de côté les hyménoptères sociaux—est pourvue à la fois des organes de son sexe, des outils de son métier, des armes protectrices de la race ; la femelle, de l'homme a cédé au mâle les outils et les armes, ici réunis en un instrument unique, le muscle. Ou plutôt, conservant elle aussi la propriété de l'instrument, elle en abandonne l'usage. Elle n'est ni la guerrière, ni la chasseresse, ni la maçonne, ni la bûcheronne : elle est la femelle et le mâle est tout le reste. La division du travail suppose la communauté. Pour que la femelle puisse céder au mâle le soin de la subsistance et de la défense, il faut que le couple soit établi et permanent. Le mâle de l'osmie (sorte d'abeille solitaire) vient au jour avant la femelle ; il pourrait préparer le nid, en choisir l'emplacement tout au moins, y guider la femelle, travailler ou veiller ; mais il appartient à une série animale où les mâles ne sont que des organes mâles et tout son rôle tient dans les seuls gestes de la pariade. Le couple n'est pas formé. Quand il se forme, comme dans un autre genre d'insectes, les scarabées, copris, sisyphes, géotrupes, le travail se répartit également entre les deux

Physique de l'Amour

sexes. Ici s'arrête le parallèle, l'évolution sociale de l'insecte l'ayant conduit à des différenciations fonctionnelles extrêmement compliquées et, sinon inconnues, du moins anormales dans l'humanité. La société des abeilles a pour base la femelle ; la société humaine a pour base le couple. Ce sont des organismes tellement différents qu'aucune comparaison entre eux n'est possible, ni même utile. On ne peut envier les abeilles qu'en les ignorant ; une communauté d'où les relations sexuelles sont absentes est réellement sans attrait pour un membre de la communauté humaine. La ruche n'est pas une société, c'est une pouponnière.

Le couple n'est possible qu'avec un dimorphisme réel, mais modéré. Il faut une différence, surtout de force, pour qu'il y ait union vraie, c'est-à-dire subordonnée. Un couple à éléments égaux serait, comme une société à éléments égaux, en état permanent d'anarchie : deux êtres suffisent à l'anarchie, comme à la guerre. Un couple à éléments trop dissemblables se trouverait, par l'écrasement du plus faible, réduit à l'unité tyrannique. L'homme et la femme représentent donc assez bien, et il en est de même chez les autres primates et les carnivores (la plupart des herbivores sont polygames), les deux sexes faits pour vivre unis et participer conjointement aux soins de leur progéniture. L'état de couple, qui exige un certain dimorphisme, en assure par cela même la perpétuité. Quand le couple se dissout, soit en polygamie, soit en promiscuité, comme cela est arrivé chez les musulmans et chez les chrétiens (une religion longtemps forte fait fonction de race et de milieu), le dimorphisme s'accentue, chacun des éléments échappant, dans une certaine mesure, à l'influence étroite de l'autre sexe. Et de même si, par suite de l'identité de l'éducation, le dimorphisme psychologique s'atténue, même légèrement—il ne s'atténue jamais que légèrement—ou si les jeux physiques réduisent un peu les différences physiques apparentes, le couple se forme moins facilement et devient moins stable : de là l'adultère, les divorces, l'excès de la prostitution. Dans toute société monogame, la prostitution est de conséquence stricte ; elle diminue plus ou moins dans les sociétés polygames, où la femme libre se raréfie ; enfin elle ne s'abolirait que dans la promiscuité, c'est-à-dire dans la prostitution universelle.

La polygamie, outre son influence indirecte, en a une directe sur le dimorphisme, par l'internement des femmes. Soustraite à la vie active, au monde extérieur, à l'air même et à la lumière, la femelle du mâle humain polygame devient plus blanche, quelle que soit sa couleur initiale, plus grasse, plus lourde, plus bête aussi et plus adonnée à toutes les variétés de l'onanisme. Chez les musulmans de l'Inde, l'homme et la femme semblent appartenir à deux espèces différentes, tant l'homme est bronzé, tant la femme est décolorée. Les prostituées cloîtrées de l'Occident se décolorent aussi, et l'on reconnaîtrait difficilement les deux sœurs en cette fille molle et blafarde, en cette vachère dure et rouge. La liberté de la femme augmente également son dimorphisme, mais par un autre procédé. Livrée sans frein au besoin, à la nécessité de plaire, la femme échappée au couple exagère son féminisme, redevient femelle à l'excès, puisque c'est en étant le plus femelle qu'elle acquiert le plus de chances de séduire le mâle, insensible à tout autre mérite. Et, à l'inverse, une femme d'éducation masculine est, à égale beauté, moins que toute autre séductrice.

Donc, en même temps que la désagrégation du couple augmente le dimorphisme féminin, la diminution du dimorphisme normal rend plus malaisée ou plus précaire la transformation du couple. Le couple humain est une harmonie difficile à réaliser, très facile à détruire, mais à mesure qu'on le détruit on libère les éléments qui le reformeront nécessairement.

(On reviendra plus loin sur la polygamie humaine et animale ; mais il fallait examiner ses rapports avec le dimorphisme. Toutes les questions traitées dans ce livre sont d'ailleurs tellement enchevêtrées qu'il sera difficile d'empêcher que l'une ou l'autre ne surgisse à propos de n'importe laquelle. Si la méthode est moins nette, elle paraîtra du moins plus loyale. Loin de vouloir mettre de la logique humaine dans la nature, on s'applique ici à introduire dans la vieille logique classique un peu de logique naturelle.)

Le seul but du couple est d'affranchir la femelle de tout souci qui n'est pas purement sexuel, de lui permettre un accomplissement plus parfait de sa fonction la plus importante. Le couple favorise donc la femelle, mais il favorise aussi la race. Il est pleinement bienfaisant quand la femme a acquis le droit à l'oisiveté maternelle. Il y a un autre motif de croire à la légitimité d'une telle répartition de la besogne utile entre les deux membres du couple, c'est que les travaux masculins diminuent sa féminité, cependant que les travaux féminins féminisent les mâles. Pour que le dimorphisme moyen et nécessaire persistât, il faudrait, si la femme s'adonne aux exercices de l'homme, que l'homme assumât toutes les besognes accessoires de la maternité. Cela ne serait pas contraire à la souple logique naturelle : il y en a des exemples chez les batraciens et chez les oiseaux. Mais on ne voit pas bien ni l'utilité ni la possibilité d'un tel renversement des rôles dans l'espèce humaine. Le devoir d'un être est de persévérer dans son être et même d'augmenter les caractères qui le spécialisent. Le devoir de la femme est de garder et d'accentuer son dimorphisme esthétique et son dimorphisme psychologique.

Le point de vue esthétique oblige à poser pour la millième fois, mais non à la résoudre, heureusement, cette question agréable de la beauté de la femme. On peut juger quand il s'agit de taille, d'énergie musculaire, d'ampleur respiratoire : cela se mesure et cela s'écrit avec des chiffres. Quand il s'agit de beauté, il s'agit de sentiment, c'est-à-dire de ce qu'il y a de plus profond à la fois et de plus personnel en chacun de nous, et de plus variable d'un homme à un autre. Cependant, l'élément sexuel qui entre dans l'idée de beauté étant ici à sa racine même, puisqu'il s'agit de la femme, l'opinion des hommes est quasi unanime : dans le couple humain, c'est la femme qui représente la beauté. Toute opinion divergente sera éternellement tenue pour un paradoxe ou pour le produit de la plus fâcheuse des aberrations sexuelles. Un sentiment ne donne pas ses raisons ; il n'en a pas. Il faut lui en prêter. La supériorité de la beauté féminine est réelle ; elle a une cause unique : l'unité de ligne. Ce qui rend la femme plus belle, c'est l'invisibilité de ses organes génitaux. Le sexe, qui est parfois un profit, est toujours une charge et toujours une tare ; il est fait pour la race, et non pour l'individu. Chez le mâle humain, et précisément à cause de son attitude droite, le sexe est l'endroit sensible par excellence et l'endroit visible, point d'attaque dans les luttes corps à corps, point de mire pour le jet, obstacle pour l'œil, soit comme rugosité sur une surface, soit comme brisure au milieu d'une ligne. L'harmonie du corps féminin est donc géométriquement bien plus parfaite, surtout si l'on considère le mâle et la femelle à l'heure même du désir, au moment où ils présentent l'expression de vie la plus intense et la plus naturelle. La femme alors, tous ses mouvements étant intérieurs, ou visibles seulement par l'ondulation de ses courbes, garde sa pleine valeur esthétique, tandis que l'homme, semblant tout à coup régresser vers les états primitifs de l'animalité, apparaît réduit, dépouillant toute beauté, à l'état simple et nu d'organe génital. L'homme, il est vrai, prend sa revanche esthétique pendant la grossesse et ses déformations.

Il faut dire aussi que le corps humain a de graves défauts de proportion et qu'ils sont plus accentués chez la femelle que chez le mâle. En général, le tronc est trop long et les jambes, par conséquent, trop courtes. On dit qu'il y a dans les races aryennes deux types esthétiques : l'un aux membres longs, l'autre aux membres courts. Ces deux types sont en effet assez faciles à distinguer, mais ils se présentent rarement avec des caractères aussi tranchés, et le premier, d'ailleurs, est assez rare : c'est celui que la statuaire a vulgarisé en l'améliorant. Il suffit de comparer une série de photographies d'après l'art avec une série d'après le nu, pour se convaincre que la beauté du corps humain est une création idéologique. Ôtés le sentiment égoïste d'espèce et le délire sexuel, l'homme apparaîtrait très inférieur en plénitude harmonique à la plupart des mammifères ; le singe, son frère, est franchement inesthétique.

Chapitre 7

LE DIMORPHISME SEXUEL ET LE FÉMINISME

Infériorité et supériorité de la femelle selon les espèces animales.—Influence de l'alimentation sur la production des sexes.— La femelle aurait suffi.—Féminisme absolu et féminisme modéré.—Chimères : élimination du mâle et parthénogenèse humaine.

Ce n'est qu'après avoir étudié sérieusement le dimorphisme sexuel dans les séries animales que l'on peut hasarder quelques réflexions sur le féminisme. On a vu, en telles espèces, la femelle plus belle, plus forte, plus active, plus intelligente ; on a vu le contraire. On a vu le mâle plus grand ou plus petit ; on l'a vu, on le verra parasite, ou pourvoyeur, maître permanent du couple ou de la troupe, fugitif amant, esclave peureux que la femelle sacrifie, son plaisir accompli. Toutes les attitudes, et les mêmes, sont attribuées par la nature aux deux sexes ; il n'y a pas, les fonctions spécifiques écartées, un rôle mâle et un rôle femelle : l'un et l'autre, selon les commandements de leur espèce, revêtent le même costume, chaussent le même masque, manient le même épieu, outil ou sabre, sans que l'on puisse savoir, à moins de remonter aux origines et de compulser les archives de la vie, lequel joue en travesti, lequel joue au naturel.

L'abondance de la nourriture, et surtout azotée, produirait un plus grand nombre de femelles. Chez certains animaux à transformation, on peut agir directement sur les individus : des têtards repus d'aliments mixtes, végétaux, larves et viandes hachées, ont donné un excès de femelles approchant de la totalité (95 f.-5 m.). D'autre part, la suralimentation tend à abolir dans les plantes les étamines, qui se transforment en pétales, et même à muer les pétales en feuilles, les boutons en bourgeons. La richesse vitale, le bien-être, la nutrition intensive, abolissent le sexe ;

mais le dernier touché est le sexe féminin, et c'est lui, en somme, qui persévérera obscurément dans la plante asexuée, revenue aux moyens primitifs de la reproduction, au bouturage. Si l'alimentation excessive tend à supprimer le mâle, c'est donc que la séparation en deux sexes n'est qu'un moyen de diminuer les charges de l'être total. Le type monoïque est une étape vers cette simplification du travail ; la femelle, à un moment, élimine son organe mâle, refuse de le nourrir, se libère d'un fardeau dont l'utilité n'est que momentanée. Et par la suite, pourvue elle-même avec surabondance de tout ce qui entretient la vie, elle se dépouille elle-même de l'appareil sexuel spécialisé, se rend asexuée, c'est-à-dire, car ici l'identité des contraires est évidente, sexuée en toutes ses parties : *tota femina sexus*.

Le mâle est un accident ; la femelle aurait suffi. Si brillantes que soient, en certaines espèces animales, les destinées du mâle, c'est la femelle qui est primordiale. Dans l'humanité civilisée, elle naît d'autant plus nombreuse que la civilisation atteint une plus grande plénitude ; et cette plénitude diminue également la fécondité générale : qu'il s'agisse de l'homme ou d'un pommier, l'élément mâle croît ou décroît selon la disette ou l'abondance de la nourriture. Mais l'espèce humaine n'est plus assez plastique pour que les variations de naissances soient jamais très grandes entre les deux sexes ; et nul animal à sang chaud ne l'est assez pour que cette cause, si active sur les végétaux, soit assez forte pour amener la dissolution du mâle. Il n'y a pas de lois naturelles, mais il y a des tendances, et il y a des limites : les champs d'oscillation sont déterminés par le passé des espèces, un fossé qui se courbe en clôture et ferme, presque de toutes parts, les allées de l'avenir.

C'est un fait, désormais héréditaire, que le mâle de l'espèce humaine a centralisé en lui la plupart des activités indépendantes du moteur sexuel. Il est seul capable d'accomplir le travail désintéressé, celui qui assure des buts étrangers à la conservation physique de l'espèce, mais sans lesquels la civilisation serait impossible ou très différente de ce qu'elle est et de l'idée que nous avons de son avenir. Sans doute, dans l'humanité comme dans le reste de la nature, c'est la femelle qui représente le sexe important. À la rigueur, comme l'abeille maçonne, elle peut suffire aux indispensables besognes, bâtir l'abri, assembler la nourriture, et le mâle pourrait, sans dommage essentiel, en être réduit au rôle strict d'appareil fécondateur. Le nombre des mâles, dans ce cas, pourrait et même devrait diminuer assez rapidement, mais alors les sociétés humaines inclineraient vers le type que représentent les abeilles sociales : le travail continu étant incompatible avec les périodes de maternité, le sexe féminin s'atrophierait, une femelle unique serait élevée à la dignité de reine et de mère, et le reste du peuple travaillerait bêtement pour un idéal extérieur à sa propre sensibilité. Des transformations plus radicales ne seraient pas encore anti-naturelles. La parthénogenèse pourrait s'établir : quelques mâles naîtraient de siècle en siècle, comme cela a lieu dans l'ordre intellectuel, qui féconderaient la génération des reins, comme le génie féconde la génération des cerveaux. Mais l'humanité, par la richesse de son intelligence, est moins que les autres espèces animales soumise à la nécessité causale ; à force de remuer dans ses rets, elle déplace quelque corde et fait un mouvement inattendu. La venue séculaire des mâles serait inutile si quelque procédé mécanique était trouvé pour exciter à la vie les œufs de la femme comme on excite les œufs des oursins. Les mâles, s'il en naissait encore quelques-uns, de temps en temps, par un jeu atavique de la nature, on les montrerait ainsi que des curiosités, tels nos hermaphrodites.

L'idée féministe conduit à ces chimères. Mais s'il s'agit de détruire le couple et de ne pas le reformer, s'il s'agit d'établir une vaste promiscuité sociale, si le féminisme se résout dans cette formule : la femme libre dans l'amour libre, il est bien plus chimérique encore que toutes les chimères, qui ont au moins leur analogue dans la diversité des mœurs animales. Oui, la parthénogenèse humaine est moins absurde : elle représente un ordre, et la promiscuité est un désordre ; l'ordre est toujours plus probable que le désordre. Mais la promiscuité sociale est encore impossible à cause de ceci, que la femme plus faible y serait écrasée. Elle ne lutte avec l'homme que grâce aux privilèges que lui concède l'homme, troublé par l'ivresse sexuelle, intoxiqué et endormi par les fumées du désir. L'égalité factice qu'elle réclame rétablirait son ancien esclavage, le jour où trop de femmes, où toutes les femmes voudraient en jouir : et c'est encore une des solutions possibles de la crise féministe. De quelque côté qu'on regarde cette question, on voit le couple humain se reformer inévitablement.

Il est très difficile, du point de vue de la logique naturelle, de sympathiser avec le féminisme modéré ; on accepterait plutôt le féminisme excessif. C'est que, s'il y a de très nombreux exemples de féminisme dans la nature, il y en a très peu de l'égalité sexuelle.

Chapitre 8

LES ORGANES DE L'AMOUR

Le dimorphisme et le parallélisme sexuels.—Les organes sexuels de l'homme et de la femme.—Constance du parallélisme sexuel dans la série animale.—Les organes sexuels externes des mammifères placentaires.—Forme et position du pénis.—L'os pénial.—Le clitoris.—Le vagin.—Les mamelles.—La verge bifide des marsupiaux.—Organes sexuels des reptiles.—Les poissons et les oiseaux à organe pénial.—Organes génitaux des arthropodes.—Essai de classification animale d'après la forme, la disposition, la présence, l'absence des organes extérieurs de la reproduction.

Le dimorphisme sexuel, tant physique que psychique, a évidemment une cause unique, le sexe ; et cependant les organes par lesquels diffèrent le moins les espèces qui diffèrent le plus, de femelle à mâle, sont précisément les organes sexuels. C'est qu'ils sont rigoureusement faits l'un pour l'autre, et que l'accord, ici, ne doit pas seulement être harmonique, mais mécanique et mathématique. Ce sont des engrenages qui doivent mordre l'un sur l'autre avec exactitude, soit que, comme chez les oiseaux, il ne se produise qu'un abouchement précis de deux orifices, soit que, comme chez les mammifères, la clef doive pénétrer dans la serrure. Il y a dimorphisme, mais c'est celui du moule et de la statue, du fourreau et de l'épée ; pour les parties dont le contact est moins étroit, le parallélisme n'en est pas moins très sensible et très apparent. Cette similitude dans la différence a frappé de tout temps les philosophes, aussi bien que les anatomistes, depuis les insinuations logiques d'Aristote jusqu'à la théorie des analogues de Geoffroy-Saint-Hilaire. Galien avait déjà perçu quelques analogies, plus ou moins exactes : grandes lèvres et prépuce, ovaires et testicules, scrotum et matrice. Il dit textuellement : « Toutes les parties de l'homme se trouvent chez la femme ; il n'y a de différence qu'en un point, c'est que les parties de la femme sont internes et celles de l'homme externes, à partir de la région du périnée. Figurez-vous celles qui s'offrent les premières à votre imagination, n'importe lesquelles, retournez en dehors celles de la femme, tournez et repliez en dedans celles de l'homme, et vous les trouverez toutes semblables. Supposez d'abord celles de l'homme rentrées et s'étendant intérieurement entre le rectum et la vessie ; dans cette supposition, le scrotum occuperait la place des matrices avec les testicules situés de chaque côté à l'orifice externe. La verge du mâle deviendrait le col de la cavité qui se produit, et la peau de l'extrémité de la verge qu'on nomme prépuce formerait le vagin. Supposez à l'inverse que la matrice se retourne et tombe en dehors, ses testicules (ovaires) ne se trouveraient-ils pas nécessairement en dedans de sa cavité, et celle-ci ne les envelopperait-elle pas comme un scrotum ? Le col, caché jusque-là dans le périnée, ne deviendrait-il pas le membre viril, et le vagin, qui n'est qu'un appendice cutané du col, ne deviendrait-il pas le prépuce ? » C'est ce passage que Diderot a transposé et rais au courant de la science dans son Rêve de d'Alembert. Cette page de littérature anatomique garde sa valeur d'expression : « La Femme a toutes les parties de l'Homme, et la seule différence qu'il y art est celle d'une bourse pendante au dehors ou d'une bourse retournée en dedans ; un fœtus femelle ressemble, à s'y tromper, à un fœtus mâle ; la partie qui occasionne l'erreur s'affaisse dans le fœtus femelle à mesure que la bourse intérieure s'étend ; elle ne s'oblitère jamais au point de perdre sa première forme ; elle est aussi le mobile de la volupté ; elle a soit gland, son prépuce, et on remarque à son extrémité un point qui paraîtrait avoir été l'orifice d'un canal urinaire qui s'est fermé ; il y a dans l'Homme, depuis l'anus jusqu'au scrotum, intervalle qu'on appelle le périnée, et du scrotum jusqu'à l'extrémité de la verge, une couture qui semble être la reprise d'une vulve faufilée ; les femmes qui ont le clitoris excessif ont de la barbe ; les eunuques n'en ont point, leurs cuisses se fortifient, leurs hanches s'évasent, leurs genoux s'arrondissent, et, en perdant l'organisation caractéristique d'un sexe, ils semblent s'en retourner à la conformation caractéristique de l'autre.... » En termes moins littéraires, on considère comme homologues, chez l'homme et la femme, l'ovaire et le testicule ; les petites lèvres, le capuchon clitoridien et le fourreau, le prépuce péniens ; les grandes lèvres et l'enveloppe du scrotum ; le clitoris et le pénis ; le vagin et l'utricule prostatique. On trouvera dans les traités spéciaux le détail de ces analogies, qui ne peuvent être expliquées ici avec une précision scientifique. Le seul point à retenir, c'est que les deux sexes, et non pas seulement chez l'homme, bien entendu, et chez les mammifères, mais dans presque toutes les séries animales et végétales, ne sont que la répétition du même être avec spécialisation de fonction. Cette spécialisation peut s'étendre à d'autres fonctions que la fonction sexuelle, au travail (abeilles, fourmis), à la guerre (termites). Le soldat termite est extraordinaire ; il ne l'est pas plus que le mâle.

Le parallélisme sexuel est constant à peu près chez tous les vertébrés et les arthropodes ; il va jusqu'à l'identité chez les mollusques hermaphrodites, si l'on compare alors non les deux sexes, mais deux individus. Il s'étend, pour chaque sexe considéré séparément, tout le long de la chaîne zoologique. À partir du chaînon où l'être se sépare en deux, on voit s'esquisser les organes sexuels tels qu'ils arrivent dans les animaux supérieurs à un haut degré de complexité, tels que, tout en acquérant des différences de forme ou de position, ils gardent une remarquable stabilité de structure ; on dirait presque identité dans les marsupiaux, les reptiles, les poissons, les oiseaux. Pour être clair, il faut procéder du connu à l'inconnu : l'homme est la figure de comparaison à laquelle on rapporte nécessairement les observations faites sur les autres animaux.

Il n'est pas indifférent de connaître le mécanisme normal de l'amour, puisqu'une des prétentions des moralistes est d'en régler les mouvements. L'ignorance est tyrannique ; ceux qui ont inventé la morale naturelle connaissaient fort peu la nature : cela leur permit d'être sévères, aucune notion précise n'embarrassant la certitude de leurs gestes. On devient plus discret, quand on a contemplé le tableau prodigieux des habitudes érotiques de l'animalité, et même tout à fait inhabile à décider si, oui ou non, un fait est, ou n'est pas naturel. En vérité, tout est naturel.

L'homme est un mammifère placentaire : à ce titre, ses organes génitaux et la manière de s'en servir lui sont communs avec tous les animaux à poil, mamelles et ombilic. Il n'est pas d'ordinaire entièrement couvert de poils, mais il n'est guère une région du corps où ils ne puissent pousser et les deux sexes en sont également pourvus, avec une abondance souvent extrême, au pubis et aux aisselles. L'organe mâle et actif du mammifère est le pénis, complété, le plus souvent à l'extérieur, par les testicules. Le pénis est, à la fois, conduit excréteur de l'urine et du sperme ; une relation analogue existe chez la femelle, et c'est très exactement que l'ensemble de ces organes emmêlés ont été appelés génito-urinaires ou, selon un terme plus récent, uro-génitaux, car il en est de même dans toute la série animale, que l'urètre débouche à l'extérieur, ou qu'il aboutisse, comme chez les oiseaux, dans un cloaque, vestibule commun à toutes les excrétions.

Le pénis des bimanes descend librement ; il pend en avant du pubis chez les quadrumanes et les chéiroptères (chauves-souris). La chauve-souris se rapproche étrangement de l'homme ou, en général, des primates : cinq doigts aux mains, dont un pouce, cinq doigts aux pieds, mamelles pectorales, flux mensuel, pénis libre ; c'est une petite caricature humaine dont le vol effaré et brusque enveloppe le soir nos maisons. Chez les carnassiers, les ruminants, les pachydermes, les solipèdes et plusieurs autres familles de mammifères, le pénis est engainé dans un fourreau qui s'applique le long du ventre. Il est ainsi mieux préservé contre les accidents, les piqûres d'insectes, en même temps que sa sensibilité se conserve intacte. Des voyageurs, au dire de Buffon, ont vu les Patagons chercher un résultat analogue en se nouant le prépuce au-dessus du gland, comme un sac avec une cordelette : ainsi la main de l'homme lui permet de perfectionner son corps ou de le mutiler. Les mutilations et les déformations sexuelles, circoncision des Sémites et des sauvages, excision des illuminés russes, perforation transversale du gland, aplatissement chirurgical de la verge, sont extrêmement fréquentes. La main des chéiroptères est entravée ; celle des quadrumanes n'a qu'un rôle sexuel, la masturbation. Elle peut cependant servir de bouclier contre les dangers extérieurs ; beaucoup de quadrupèdes, pourtant mieux abrités, se servent dans le même but de leur queue : quand ils la ramènent entre leurs jambes, c'est tantôt un geste psychologique, pudeur ou refus des femelles, tantôt un geste de préservation. Le mouvement de la Vénus pudique, celui de l'homme qui sort nu d'un bain n'ont pas d'autre origine. Les singes, dès qu'ils cessent de remuer, portent leurs mains à leurs parties sexuelles. Des Polynésiens, avant le christianisme, avaient l'habitude, quand ils restaient debout, de tenir à pleines mains leur scrotum, la verge pendante entre deux doigts, attitude de dandy sauvage. Le scrotum manque à quelques espèces, comme Pline l'avait déjà remarqué : *Testes elephanto occulti*. Chez le chameau, les testicules roulent sous la peau de la région inguinale ; les testicules des rats sont également internes, mais ils sortent à la saison du rut et prennent alors un développement énorme. Les singes ont souvent la peau des bourses bleue, rouge ou verte, comme aussi d'autres parties dénudées de leur corps.

Remy de Gourmont

Le chameau, le dromadaire, les chats ont l'extrémité du pénis repliée en arrière (cette position explique la manière dont les matous projettent l'urine) ; elle ne se redresse et ne se porte en avant que dans l'érection. Le fourreau des rongeurs, et non plus seulement la verge, se dirige en arrière et aboutit tout près de l'anus, et devant. Le pénis est grêle chez les ruminants, le sanglier ; gras et rond chez les solipèdes, l'éléphant, le lamentin ; gras et conique chez le dauphin ; cylindrique chez les rongeurs et les primates. Le gland, qui affecte toutes les formes intermédiaires entre la boule et la pointe, prend, chez le rhinocéros, celle d'une grossière fleur de lys. Il se hérisse chez le chat de petites épines inclinées vers la base et, chez l'agouti, la gerboise, il est muni de crochets rétenteurs qui agrippent les organes de la femelle.

La verge de beaucoup de mammifères, véritable membre, est soutenue par un os intérieur formé aux dépens de la cloison conjonctive qui sépare les deux corps caverneux. Cet os pénial se rencontre chez beaucoup de quadrumanes, chimpanzés, orangs, chez la plupart des carnassiers (la hyène exceptée), chiens, loups, félins, martre, loutre, blaireau ; chez les rongeurs, le castor, les phoques, les cétacés ; il manque chez les ruminants, les pachydermes, les insectivores, les édentés. Chez l'homme, on en trouve trace, parfois, sous la forme d'un mince cartilage, prismatique. Énorme dans l'énorme pénis des baleines, il ressemble à un battant de cloche. L'os pénial diminue la capacité érectile de la verge, en arrêtant le développement des corps caverneux ; mais il assure la rigidité du membre, obtenue dans l'autre type pénial par l'afflux du sang qui produit un gonflement. L'homme devrait avoir un os pénial ; il l'a perdu au cours des âges et c'est sans doute fort heureux, car une rigidité permanente, ou trop facilement obtenue, eût augmenté jusqu'à la folie la salacité de son espèce. C'est peut-être à cette cause qu'est due la rareté des grands singes, pourtant forts et agiles. Cela serait confirmé, si le cartilage pénial se rencontrait régulièrement chez les hommes très lascifs, ou avec une certaine fréquence dans les races humaines les plus adonnées à l'érotisme.

Le pénis se retrouve dans la femelle sous la forme du clitoris. Presque aussi volumineux qu'un pénis vrai chez les quadrumanes, il est atrophié en d'autres espèces. Chez les femmes, il varie individuellement, quelques-unes étant, sous ce rapport, quadrumanes. Parfois le clitoris est perforé, pour laisser passage à l'urètre (quelques singes, la taupe) ; une légère trace de cet ancien méat se voit sur la tête du clitoris féminin. Dans les espèces dont les mâles ont un os pénial, les femelles possèdent souvent un os clitoridien, et rien n'affirme plus nettement le parallélisme de ces deux organes dont l'un ne sert plus qu'à la volupté, après avoir été peut-être, en des temps très éloignés, et quand l'homme rampait parmi les invertébrés marins, un instrument réel de la fécondation. Les grandes lèvres, qui limitent l'orifice général de la vulve, n'existent que chez la femme et, moins marquées, chez la femelle orang. Circulaire chez les rongeurs, transversale, exemple unique, chez la hyène, cette bête hétéroclite, la vulve est longitudinale dans tous les autres mammifères. Complètement imperforé chez la taupe, le vagin est plus ou moins fermé par une membrane, que déchire le pénis aux premières approches, chez la femme, plusieurs quadrumanes, quelques petits singes, le ouistiti, quelques carnassiers, l'ours, la hyène, le phoque à ventre blanc, le daman (ongulés) ; elle est remplacée, chez le chien, le chat, les ruminants, par un étranglement annulaire entre le vagin et le vestibule. L'hymen n'est donc nullement particulier aux vierges humaines, et il n'y a nulle gloire à un privilège que l'on partage avec les ouistitis !

La menstruation se rencontre chez les quadrumanes, chez les chauves-souris ; d'autres femelles de mammifères présentent un écoulement sanguinolent, mais limité à la période du rut. La position des mamelles est variable, ainsi que leur nombre : inguinales chez les ruminants, les solipèdes, les cétacés, ventrales chez les chiens, les porcs, elles sont pectorales, et toujours au nombre de deux, chez presque tous les primates, les chiroptères, les éléphants et chez les Siréniens qui, à cause de cela, sans doute, parurent aux ; marins de jadis semblables à leurs femmes.

D'autres particularités et correspondances seront examinées au chapitre suivant, qui traitera du mécanisme de l'amour, de la méthode employée par les divers animaux pour utiliser leurs organes selon le commandement de la nature. Il reste à considérer les mammifères inférieurs et les autres vertébrés dont les instruments de fécondation ressemblent sensiblement à ceux des mammifères.

Chez l'homme et les autres placentaires, la verge bifide est un fait tératologique qui ne se rencontre que chez des monstres doubles incomplets. C'est au contraire la forme la plus générale chez les marsupiaux. À ce pénis double, au moins à partir du gland, correspond naturellement un double vagin ; il en est ainsi chez la sarigue, le Kangourou. La bipartite originelle se retrouve régulièrement dans l'utérus de quelques placentaires, lièvres, rats, chauves-souris, les carnivores. L'utérus des marsupiaux est simple et sans rétrécissement au col. On sait que leurs petits n'y séjournent que fort peu de temps, qu'ils naissent, non à l'état de fœtus, mais à l'état de germes, et achèvent leur développement dans la poche marsupiale. Une sarigue, destinée à acquérir la taille d'un chat ordinaire, est à sa naissance à peu près de la grosseur d'un haricot. Ces animaux diffèrent donc profondément des autres mammifères.

Parmi les reptiles, les uns, comme les crocodiles et la plupart des chéloniens, n'ont qu'une verge simple ; quelques tortues ont l'extrémité du pénis bifide ; il est multifide chez le trionix, tortue Carnivore et justement qualifiée de féroce. Les sauriens et les ophidiens peuvent déployer en dehors du cloaque deux verges érectiles ; elles sont chez les sauriens, ou lézards, courtes, rondes et hérissées d'épines. Les femelles n'ont de clitoris que quand leur mâle n'a qu'une seule verge ; du moins cet organe n'est-il bien constitué que chez les crocodiliens et les chéloniens.

La copulation est inconnue des batraciens, dont le contact est cependant très étroit ; elle est inconnue de la plupart des poissons, dont les amours sont exempts même du contact. Cependant quelques sélaciens (les squales, les raies), peut-être aussi un ou deux téléostéens (poissons osseux) et la lamproie, possèdent un organe copulateur qui pénètre réellement dans l'organe femelle.

Les oiseaux qui possèdent un pénis, ou un tubercule érectile et rétractile qui en fait l'office, sont l'autruche, le casoar, le canard, le cygne, l'oie, l'outarde, le nandou et quelques espèces voisines ; leurs femelles ont un organe clitoridien. Chez l'autruche, c'est une véritable verge, longue de cinq ou six pouces, creusée d'un sillon qui sert de conduit à la liqueur séminale, énorme dans l'érection, en forme de langue. La femelle a un clitoris et le coït s'accomplit exactement comme chez les mammifères. Le cygne et le canard sont également fort bien doués d'un tubercule érectile apte à la copulation ; et cela explique, en même temps que l'histoire de Léda, la réputation libidineuse du canard et ses exploits dans les basses-cours, véritables abbayes de Thélème.

On ne peut pas décrire ici les organes copulateurs des arthropodes, qui comprennent les insectes proprement dits. Il suffit de noter que, si variées que soient leurs formes, ils se comportent sensiblement comme ceux des mammifères supérieurs et se composent des deux pièces essentielles : le pénis, renfermé dans un étui pénial, et le vagin, prolongé par la poche copulatrice, qui reçoit le pénis. Pour les poissons et les oiseaux, les organes externes faisant défaut, tout se réduit à des méthodes que l'on examinera dans la suite. Les mollusques hermaphrodites, à l'appareil sexuel si merveilleusement compliqué, doivent également être considérés à part. Enfin, les mœurs amoureuses des insectes formeront une suite de chapitres exemplaires.

Physique de l'Amour

Dès à présent, en ne tenant compte que des organes extérieurs du mâle ou des organes qui, internes au repos, surgissent au moment du coït, on pourrait essayer une vague classification nouvelle des séries animales.

- 1. Présence d'un pénis ou d'un tubercule copulateur érectile : mammifères placentaires, depuis l'homme jusqu'aux marsupiaux exclusivement ; quelques coureurs et palmipèdes ; les crocodiliens ; les chéloniens ; quelques sélaciens ; les arthropodes ; les rotifères.
- 2. Présence d'un pénis bifide : les marsupiaux ; les sauriens ; les chéloniens ; les scorpionides.
- 3. Disjonction de l'appareil sécréteur et de l'appareil copulateur : araignées, libellules.
- 4. Absence de pénis, copulation par contact : monotrèmes (ornithorynque), oiseaux, batraciens, crustacés.
- 5. Pas de copulation ; fécondation extérieure des œufs : poissons, échinodermes.
- 6. Transmission indirecte du sperme avec ou sans contact (par le spermatophore) : céphalopodes, orthoptères.
- 7. Hermaphrodisme : mollusques, tuniciers, vers.
- 8. Reproduction monogame : les protozoaires et quelques-uns des derniers métazoaires.

Il faudrait bien des distinctions et des exceptions pour rendre ce tableau un peu moins imprécis. Il n'est cependant pas inexact, quoique incomplet et sans nuances, et il permet de voir que la séparation des sexes avec appareils copulateurs bien caractérisés n'est pas un signe absolu de supériorité animale ; que cependant il se rencontre chez les animaux les mieux doués ; que les oiseaux, avec leur système génital à peine esquissé, semblent représenter dans la nature un type élevé, par la simplicité des organes et des moyens ; que les sexes sans copulation profonde ou superficielle tendent, comme chez les poissons, à devenir ou à demeurer identiques ; que tous les modes de fécondation différents de la copulation sont exclusivement attribués à des espèces inférieures ; que l'hermaphrodisme ne fut qu'un essai limité à une catégorie d'êtres particulièrement manques pour tout ce qui n'est pas reproduction ; que l'absence de sexe caractérise uniquement les premières formes de la vie.

Si l'on considère, non plus le mode de copulation, mais l'appareil lui-même, avec sa partie mâle, le pénis, et sa partie femelle, le vagin, on voit nettement que ces organes très particuliers ne se rencontrent guère, bien dessinés, que dans les deux grands embranchements où l'intelligence est le plus développée : les mammifères, les arthropodes. Il y aurait peut-être une certaine corrélation entre la copulation complète et profonde et le développement cérébral.

Chapitre 9

LE MÉCANISME DE L'AMOUR

I. La Copulation : Vertébrés.—Ses variétés très nombreuses et sa fixité spécifique.— Immoralité apparente de la nature.— L'ethnographie sexuelle.—Mécanisme humain.—Le cavalage.—Forme et durée de l'accouplement chez divers mammifères.— Aberrations sexuelles chirurgicales : l'ampallang.—La douleur, comme frein sexuel.—L'hymen.—La taupe.—Passivité de la femelle.—L'ovule, figure psychologique de la femelle.—Manie d'attribuer aux animaux des vertus humaines.—La pudeur des éléphants.—Mécanisme de l'accouplement chez les baleines, les phoques, les tortues.—Chez certains ophidiens et certains poissons.

Les *Figuræ Veneris* de Forberg épuisent en quarante-huit exemples les modes de conjugaison accessibles à l'espèce humaine ; les manuels érotiques de l'Inde imaginent quelques variantes, quelques perfectionnements voluptueux. Mais il s'en faut de beaucoup que toutes ces juxtapositions soient favorables à la fécondation ; la plupart même n'ont été inventées que pour éluder un résultat trop logique et trop matériel. Les animaux assurément, les plus déliés comme les plus stupides, ignorent toute méthode de fraude conjugale ; nulle dissociation, il est inutile de le dire, ne peut se faire dans leur cerveau rudimentaire entre la sensation sexuelle et la sensation maternelle, la sensation paternelle encore bien moins. L'ingéniosité de chaque espèce est donc brève ; mais l'ingéniosité universelle de la faune est immense, et il est peu d'imaginations humaines, parmi celles que nous qualifions de perverses et même de monstrueuses, qui ne soient le droit et la norme en telle ou telle région de l'empire des bêtes. Des pratiques fort analogues (encore que très différentes par le but) à diverses pratiques onanistes, à la spermatophagie même, au sadisme, sont imposées à d'innocentes bêtes et représentent pour elles la vertu familiale et la chasteté. Un médecin, qui n'en a pas tiré beaucoup de gloire, inventa ou propagea la fécondation artificielle : il imitait les libellules et les araignées ; M. de Sade aimait à imaginer des ruts où le sang coulait en même temps que le sperme : berquinades, si l'on contemple, non sans effarement, les mœurs d'un ingénieux orthoptère, la mante religieuse, l'insecte qui prie Dieu, comme disent les Provençaux, la *prego-Diou*, la prophétesse, disaient les Grecs ! Les vers de Baudelaire, bafouant ceux qui veulent « aux choses de l'amour mêler l'honnêteté », ont une valeur non pas seulement morale, mais scientifique. En amour, tout est vrai, tout est juste, tout est noble, dès que, comme chez les animaux les plus fous, il s'agit d'un jeu inspiré par le désir créateur. Il est plus difficile, sans doute, de justifier les fantaisies purement exonératrices, surtout si on se laisse aveugler par l'idée de finalité spécifique ; on peut affirmer cependant, et on n'en dira pas davantage sur ce sujet, que des animaux n'ignorent ni la sodomie ni l'onanisme, et qu'ils y cèdent, poussés par la nécessité, en l'absence des femelles. Sénancour a écrit sur ces pratiques dans l'humanité des pages sages et hardies.

L'ethnographie sexuelle existe à peine. Les renseignements épars sur ce sujet, pourtant très important, n'ont pas été coordonnés ; cela serait peu, ils n'ont pas été vérifiés. On ne sait de précis sur les usages coïtaux que ce que la vie en apprend, les questions de ce genre étant fort difficiles à poser et les réponses toujours équivoques. Il y a là toute une science qui a été corrompue par la pudeur chrétienne. Un mot d'ordre encore obéi a été lancé jadis, et l'on cache tout ce qui unit sexuellement l'homme à l'animal, tout ce qui prouve l'unité d'origine de ce qui a vie et sentiment. Les médecins qui ont étudié cette question n'ont connu que l'anormal, que la maladie : il serait imprudent de conclure de leurs observations à des pratiques générales. La meilleure source, du moins pour les races européennes, c'est encore la casuistique. De l'énumération des péchés contre la chasteté relevés par les confesseurs de profession, on pourrait, après quelque étude, déduire les mœurs sexuelles secrètes de l'humanité civilisée. Mais il faudrait bien se garder de conserver soit la vieille idée du péché, soit l'idée, identique sous une forme moderne, de faute, de délit, d'erreur. Des pratiques communes à tout un groupe ethnique ne peuvent

Physique de l'Amour

pas être jugées autrement que normales, et il importe peu qu'elles soient stygmatisées par les apologistes des bonnes mœurs. Ce qui est bon, c'est ce qui est, et ce qui est contient ce qui sera. Il est assuré que les bimanes et les quadrumanes sont fort libertins, que cela tienne à leur souplesse physique ou à leur intelligence. C'est un fait indéniable et insurmontable, quoique fâcheux. Le couple humain a tiré de cette tendance mille fantaisies érotiques qui, en se disciplinant, ont abouti à la création d'une véritable méthode sexuelle, soit de plaisir désintéressé, soit de préservation contre la fécondité : n'est-ce point important et comment disserter sur la dépopulation, par exemple, si l'on perd de vue ce fait primordial ? Que peut le raisonnement, moral ou patriotique, devant un instinct qui est devenu, ou redevenu une pratique intelligente et consciente, liée à ce qu'il y a de plus profond dans la sensibilité humaine ? Il est fort difficile, surtout quand il s'agit de l'homme, de faire le départ entre le normal et l'anormal. Mais qu'est-ce que le normal, qu'est-ce que le naturel ? La nature ignore cet adjectif qu'on a tiré de son sein plein d'illusions, peut-être par ironie, peut-être par ignorance.

Il n'est pas très utile de décrire le cavalage humain, qui d'ailleurs n'est pas strictement un cavalage, la femelle étant attaquée par devant. Le cavalage véritable a été, comme on le sait, vanté par Lucrèce, quoiqu'il ait, ce qui n'enlève rien à ses mérites, un air franchement animal ; c'est la forme de l'amour appelée par les théologiens *more bestiarum*, et par Lucrèce *more ferarum*, ce qui est la même chose :

> *Et quibus ipsa modis tractetur blanda voluptas,*
> *Et quoque permagni refert ; nam more ferarum,*
> *Quadrupedumque magis ritu, plerumque putantur*
> *Concipere uxores, quia sic loca sumere possunt,*
> *Pectoribus positis, sublatis semina lumbis.*

Ce mode, préconisé par Lucrèce comme le plus favorable à la fécondation, est celui de presque tous les mammifères, de presque tous les insectes et de beaucoup de familles animales. Les singes, grands et petits, n'en connaissent pas d'autre. L'architecture de leur corps leur rendrait fort difficile la copulation face à face. Il ne faut pas oublier, en effet, que la station debout n'est jamais que momentanée, même chez les orangs et les chimpanzés ; ils ne tiennent pas beaucoup mieux en équilibre que les ours, beaucoup moins bien que les kangourous, les marmottes ou les écureuils : même quand ils se dressent, on sent qu'ils ont quatre pattes.

L'amour, chez eux, n'est pas libéré des saisons, et quoiqu'ils soient libidineux toute l'année, ils ne semblent aptes à la génération que durant quelques semaines de rut : alors leurs organes génitaux acquièrent une rigidité permanente ; les mamelles des guenons, aussi maigres d'ordinaire que celles du mâle, ne se gonflent que pendant cette même période. Il y a donc très loin, au point de vue sexuel, de l'homme aux grands singes, ses voisins anatomiques.

L'homme, et même parmi les espèces les plus humbles, a dompté l'amour et l'a rendu son esclave quotidien, en même temps qu'il a varié les accomplissements de son désir et qu'il en a rendu possible le renouvellement à bref intervalle. Cette domestication de l'amour est une œuvre intellectuelle, due à la richesse et à la puissance de notre système nerveux, capable aussi bien des longs silences que des longs discours physiologiques, de l'action et de la réflexion. Le cerveau de l'homme est un maître ingénieux qui a su tirer d'organes, sans supériorité bien évidente, les travaux les plus compliqués, les jouissances les plus aiguës ; sa maîtrise est très faible chez les quadrumanes et les autres mammifères ; elle est très forte chez beaucoup d'insectes, comme on l'expliquera en un chapitre ultérieur.

On n'attend pas une description minutieuse du mécanisme extérieur de l'amour chez toutes les espèces animales. Cela serait long, difficile et ennuyeux. Quelques exemples suffiront, parmi les plus caractéristiques. La durée du coït est extrêmement variable, même chez les mammifères supérieurs. Très lent chez le chien, l'accouplement n'est qu'un éclair chez le taureau, chez le bélier, où il s'appelle la « lutte ». Le taureau ne fait vraiment qu'entrer et sortir, et c'est un spectacle très philosophique, car on comprend aussitôt que ce qui pousse cette bête fougueuse vers la femelle, ce n'est pas l'attrait d'un plaisir trop rapide pour être profondément senti, mais une force extérieure à l'individu, quoique incluse dans son organisme. Par sa durée excessive et douloureuse, le coït du chien prête d'ailleurs à des réflexions analogues :

> *In triviis quum sæpe canes discedere aventes*
> *Diversi cupidine summis ex viribus tendunt.*
>
> — (LUCRÈCE.)

C'est que la verge du chien contient un os creux dont la cavité laisse passage à l'urètre. Autour de cet os se trouvent des tissus érectiles dont l'un, le nœud de la verge, se gonfle démesurément pendant le coït et empêche la disjonction des deux animaux, l'acte accompli. Ils restent longtemps penauds, n'arrivent à se libérer que longtemps après que leur désir s'est mué en dégoût, figure grotesque et lamentable de bien des liaisons humaines.

Notre autre animal familier, le chat, n'a pas de plus heureuses amours. Son pénis est en effet garni d'épines, de papilles cornées, vers la pointe, et l'intromission, autant que la séparation, ne va pas sans gémissements. C'est ce que l'on entend la nuit, cris de douleur et non de volupté, hurlements de la bête que la nature a prise au piège. Cela n'empêche pas la femelle d'être fort entreprenante : répondant à l'appel du mâle, qui la poursuit, elle l'excite de cent façons, le mordille à la nuque et au ventre, avec une insistance qui a donné, dit-on, une métaphore à la langue érotique. Mais la morsure à la nuque est bien plus curieuse, étant d'une intention bien moins directe. Les chiennes aussi mordent à la nuque le mâle avec lequel elles préludent. C'est vers la nuque que se trouve le bulbe, noyau d'origine des nerfs qui gouvernent la région sacrée, les fonctions génitales.

La douleur qui accompagne les actes sexuels doit être exactement différenciée de la douleur passive. Il est très possible (les femmes pourraient en témoigner) que les soupirs ou même les cris poussés en de tels moments soient l'expression d'une sensation mélangée, où la joie ait presque autant de part que la souffrance. Ne jugeons pas les exclamations félines d'après l'acuité de leur timbre ; massacrées par la verge cruelle de leur mâle, les chattes hurlent, mais elles attendent la bénédiction suprême. La rigueur des premières approches n'est peut-être que la promesse de délices plus profondes : c'est ce que certaines femmes ont pensé.

On sait que la langue des chats est rugueuse : telle est la langue et aussi toutes les muqueuses des nègres. Cette âpreté de surface augmente notablement le plaisir génital, comme en témoignent ceux qui ont connu des négresses ; elle a été perfectionnée. Les Dayaks de Bornéo se transpercent l'extrémité du pénis, à travers la fosse naviculaire, pour y adapter une cheville terminée de chaque côté par des touffes de poils rigides en forme de brosse. Avant de se donner, les femmes, par certaines ruses, certains gestes traditionnels, indiquent la longueur de la brosse qu'elles désirent. À Java, on remplace cet appareil, appelé ampallang, par un fourreau, plus ou moins épais, de peau de chèvre. En d'autres pays, ce sont des incrustations de petits cailloux qui font du gland une masse bosselée ; et ces cailloux sont parfois substitués par de minuscules grelots, si bien que les hommes font, quand ils courent, un bruit de mules, et que les femmes attentives jugent de leur valeur d'après l'intensité de leur musique sexuelle. Ces coutumes, signalées par de Paw chez certains indigènes de l'Amérique, n'ont pas été observées récemment, sans doute parce que la pudeur chrétienne des voyageurs modernes oblitère leurs yeux et leurs oreilles, quand il convient. Aucun usage ne s'abolit que devant un autre usage plus utile à la sensualité, et l'imagination, en ces matières, semble, au lieu de reculer, faire des progrès. Il est vrai que les inventeurs se cachent, même dans les pays sauvages, la morale sexuelle tendant à devenir uniforme.

Ces artifices, qui nous paraissent singuliers, ont certainement été créés à l'instigation des femmes, puisque ce sont elles qui en profitent. Les mâles s'y sont soumis, heureux sans doute de se délivrer ainsi, au prix d'une souffrance passagère, de la terrible lasciveté de leurs femelles. Raclées, écorchées par de tels instruments, elles doivent, au moins pour quelques jours, fuir le mâle et cuver en silence leurs souvenirs luxurieux. Les Chinois et les Japonais, dont les femmes sont également très lascives, connaissent des moyens analogues ; ils ont aussi inventé, pour dompter leurs compagnes, d'ingénieuses méthodes onanistes qui leur permettent, cependant que la paix règne au foyer, de vaquer à leurs affaires. Étrange dissemblance entre les races ou espèces humaines : les Aryens, dans le même but, se sont servis du frein religieux, de la prière, de l'idée de péché, et finalement de la liberté, c'est-à-dire du plaisir de vanité qui étourdit la femme et l'invite à plaire à autrui avant de se satisfaire elle-même.

La femme n'est pas le seul mammifère pour lequel, en dehors de la forme singulière du pénis, les premières approches soient douloureuses ; mais il n'est peut-être aucune femelle qui ait, autant que la taupe, de justes motifs pour craindre le mâle. Sa vulve, extérieurement imperforée, est voilée de peau velue comme le reste du corps ; elle doit, pour être fécondée, subir une véritable opération chirurgicale. On sait comment vivent ces bêtes, creusant, à la recherche de leur nourriture, de longues galeries souterraines, dont les déblais, rejetés de place en place, forment les taupinières. À l'époque du rut, oubliant ses chasses, le mâle se met en quête d'une femelle et, dès qu'il l'a devinée, il creuse dans sa direction, excave avec fureur la terre hostile. Se sentant pourchassée, la femelle fuit. L'instinct héréditaire la fait trembler devant l'outil qui va lui ouvrir le ventre, devant ce redoutable pénis armé d'une tarière qui perfora sa mère et toutes ses aïeules. Elle fuit, elle creuse, à mesure que le mâle s'avance, des tunnels enchevêtrés où peut-être son persécuteur finira par perdre son chemin ; mais le mâle, lui aussi, est instruit par l'hérédité : il ne suit pas la femelle, il la contourne, l'enveloppe, finit par l'acculer dans une impasse, et, tandis qu'elle enfonce encore dans la terre son museau aveugle, il l'agrippe, l'opère et la féconde. Quel plus charmant emblème de la pudeur que cette petite bête au pelage noir et doux ? Et quelle vierge humaine montra jamais une telle constance à garder sa vertu ? Et laquelle, seule dans la nuit d'un palais souterrain, userait ses mains à ouvrir les murs, toute sa force à fuir son amant ? Des philosophes ont cru que la pudeur sexuelle était un sentiment artificiel, fruit des civilisations : ils ne connaissaient pas l'histoire de la taupe, ni aucune des histoires vraies qui sont dans la nature, car presque toutes les femelles sont craintives, presque toutes réagissent, à l'apparition du mâle, par la peur et par la fuite. Nos vertus ne sont jamais que des tendances physiologiques, et les plus belles sont celles dont il est interdit même d'essayer l'explication. Pourquoi la chatte est-elle violente et pourquoi la taupe est-elle peureuse ? Sans doute la taupe se tient dans la règle, tout en exagérant sa rigueur, mais pourquoi cette règle ? Il n'y a pas de règle ; il n'y a que des faits que nous groupons sous des modes perceptibles à notre intelligence, des faits toujours provisoires et qu'un changement de perspective suffirait à dénaturer. La notion de règle, la notion de loi, aveux de notre impuissance à poursuivre dans ses origines logiques la généalogie d'un fait. La loi, c'est une manière de dire, une abréviation, un point de repos. La loi, c'est la moitié des faits plus un. Toute loi est à la merci d'un accident, d'une rencontre inopinée ; et pourtant, sans l'idée de loi, tout ne serait que nuit dans la connaissance.

« Le mâle, dit Aristote, en son Traité de la génération, représente la forme spécifique ; la femelle, la matière. Elle est passive en tant que femelle, tandis que le mâle est actif. »

La pudeur sexuelle est un fait de passivité sexuelle. Le moment arrivera, pour la femelle, d'être, à son tour, active et forte, quand elle sera fécondée, quand elle aura à donner le jour et la pâture à la postérité de sa race. Le mâle alors redeviendra inerte : partage équitable de la dépense des forces, juste division du travail. Cette passivité de l'élément femelle se retrouve dans la figuration même de l'animalité, formée par l'œuf et le spermatozoïde. On en voit le jeu dans un microscope : l'œuf attend, solide comme une forteresse ou comme une femme que beaucoup d'hommes regardent et convoitent ; les petits animaux se mettent en marche, ils assiègent l'enceinte, ils la heurtent de leur tête : l'un d'eux a brisé la muraille, il entre, et dès que sa queue de têtard a franchi la brèche, la blessure se referme. Toute l'activité de cette femelle embryonnaire se réduit à ce geste ; la plupart de ses grandes sœurs n'en connaissent pas d'autre.

Leur libre arbitre, presque toujours, consiste en ceci : qu'elles accueillent un seul des arrivants, sans que l'on puisse bien savoir si c'est un choix physiologique ou un choix mécanique.

La femelle attend, ou elle fuit, ce qui est encore une manière d'attendre, une manière active ; car, non seulement *se cupit ante videri*, mais elle désire être prise, elle veut accomplir sa destinée. C'est sans doute pour cela que, dans les espèces où le mâle est faible ou timide, la femelle se résigne à une agression exigée par le souci des générations futures. En somme, il y a deux forces en présence : l'une est l'aimant, l'autre l'aiguille. La plupart du temps, la femelle est l'aimant ; parfois elle est l'aiguille. Ce sont des détails de mécanisme qui ne modifient pas la marche générale de la machine et son but. À l'origine de tout sentiment, il y a un fait irréductible et incompréhensible en soi. Le raisonnement commun part du sentiment pour expliquer le fait ; cela donne l'absurde résultat de faire courir la pensée dans une piste fermée, comme un cheval de cirque. L'ignorantisme kantien est le chef-d'œuvre de ces exercices de manège, où, partant de l'écurie catégorique, le savant quadrupède y retourne nécessairement, ayant crevé tous les disques en papier du raisonnement scolastique. Les observateurs des mœurs animales tombent régulièrement dans ce préjugé d'attribuer aux bêtes les principes directeurs qu'une longue éducation philosophique et surtout chrétienne a inculqués à la rétive docilité humaine. Toussenel et Romanes ne sont que rarement supérieurs en clairvoyance aux plus humbles possesseurs d'un prodigieux chien, d'un chat miraculeux : il faut rejeter comme apocryphes les anecdotes sur l'intelligence des animaux et surtout celles où l'on vante leur sensibilité, où l'on célèbre leurs vertus. Non pas qu'elles soient nécessairement inexactes, mais parce que la manière de les interpréter a vicié, dans le principe, la manière de les regarder. Un seul observateur m'a paru digne de foi en ces matières : c'est ; J.-H. Fabre, l'homme qui, depuis Réaumur, a pénétré le plus avant dans l'intimité des insectes, et dont l'œuvre est véritablement créatrice, peut-être sans qu'il s'en soit douté, de la psychologie générale des animaux.

C'est la manie d'attribuer aux bêtes la connaissance intuitive de notre catéchisme moral qui a créé la légende de la pudeur sexuelle des éléphants. Ces chastes monstres, disait-on, se cachent pour faire l'amour ; animés d'une sensibilité toute romantique, ils ne sauraient s'épancher que dans le mystère des jungles, dans le labyrinthe des forêts vierges : et c'est pourquoi on n'en aurait jamais vu se reproduire en captivité. Rien de plus sot : l'éléphant de jardin public ou de cirque fait assez volontiers l'amour, quoique avec moins d'entrain que dans la forêt natale, ainsi que presque tous les animaux nouvellement captifs. Il se reproduit sous l'œil de l'homme avec une indifférence parfaite, et nul cornac n'empêche l'éléphante, qui est fort lascive, de manifester à haute voix ses désirs impudiques. Comme sa vulve s'ouvre non pas entre les jambes, mais vers le milieu de l'abdomen, Buffon avait cru qu'elle devait se mettre sur le dos pour recevoir le mâle. Il n'en est rien, mais elle est cependant soumise à un geste particulier : elle s'agenouille.

Les baleines, qui sont de beaucoup les plus grands mammifères, obéissent à un rite spécial commandé par leur absence de membres et l'élément où elles vivent : les deux colosses s'inclinent sur le côté, comme des navires blessés et, obliquement, ventre à ventre, se joignent. L'organe mâle est énorme, même à l'état de repos, six à huit pieds de long (deux à trois mètres) sur quinze à dix-huit pouces de circonférence. La vulve de la femelle est longitudinale ; tout près et devant se trouve le mamelon qui, en cas de lactation, fait une longue saillie. Ce mamelon est pourvu d'un pouvoir éjaculateur ; le baleineau s'y accroche par les lèvres et le lait lui est envoyé comme par une pompe, merveilleuse accommodation des organes aux nécessités du milieu.

L'anatomie force les femelles des phoques et des morses à se renverser sur le dos pour recevoir le mâle. Dans l'espèce appelée communément lion marin, la femelle semble, selon des observations peut-être écourtées, faire les avances. Le mâle étant étalé au repos, elle se roule devant lui, l'agace, cependant qu'il grogne. Elle parvient à l'émouvoir et ils s'en vont jouer dans l'eau.

Au retour, la femelle se place sur le dos, et le mâle, qui est bien plus gros et bien plus long, la couvre en s'arcboutant sur ses bras. L'accouplement dure de sept à huit minutes. L'attitude des femelles phoques est également celle des hérissonnes et, vraiment, le cavalage serait ici particulièrement épineux. Malgré son toit, le mâle de la tortue grimpe sur la femelle et s'y installe, cramponné à la carapace avec les ongles dont ses pieds antérieurs sont armés : il y demeure quinze jours, ayant introduit lentement dans les organes patients sa verge longue et ronde, terminée par une sorte de boule à pointe, pressant de toutes ses forces l'énorme clitoris de la femelle. Nous voici loin des mammifères et de la fougue du taureau ; cet accouplement, qui dure toute une saison, nous achemine vers la paresse voluptueuse des dégoûtants et merveilleux gastéropodes. D'après des récits qui ne sont peut-être pas contradictoires, les crocodiles s'accoupleraient dans l'eau, selon les uns, sur terre, selon les autres ; dans l'eau, latéralement ; sur terre, la femelle renversée. Ce serait le mâle qui mettrait lui-même la femelle sur le dos, puis, le coït accompli, lui aiderait à se relever : spectacle charmant, que je ne puis garantir véridique, mais qui donnerait la meilleure idée de la galanterie de ces anciens dieux !

J'ignore si la remarque en fut jamais faite : le caducée de Mercure représente deux serpents accouplés. Décrire le caducée, c'est décrire le mécanisme de l'amour chez les ophidiens. Le pénis bifurqué pénètre dans le vagin, les corps s'enlacent de plis et de replis, cependant que les deux têtes se redressent sur les cols raidis et se regardent fixement, longtemps, les yeux dans les yeux.

Quelques poissons ont un organe pénial ; ils peuvent donc réaliser une véritable copulation ; tels squales, roussettes, requins, biches. Les mâles agrippent ; les femelles et les maintiennent avec des crochets souvent formés, aux dépens de la nageoire abdominale, par des pièces cartilagineuses qui pénètrent dans l'orifice femelle et servent de glissoire au pénis. Le mâle de la raie saisit la femelle, la retourne, se colle sur elle ventre à ventre, la maintient avec ses tenailles péniale et réalise l'accouplement, lâchant sa semence qui pénètre dans le cloaque. L'opération se répète à plusieurs reprises, séparée par la mise au jour des raitons, qui naissent vivants, et dure jusqu'à ce que la femelle soit déchargée de la plus grande partie de ses œufs.

Chapitre 10

LE MÉCANISME DE L'AMOUR

II. La Copulation (suite) : Arthropodes.—Les scorpions.—Les gros crustacés aquatiques.—Les petits crustacés.—L'hydrachne.—Le scutellère.—Le hanneton.—Les papillons.—Les mouches, etc.—Sur la variation des mœurs sexuelles animales.

C'est parmi les insectes, les batraciens, les mollusques qu'on rencontre les modes de fécondation les plus curieux et les plus éloignés du mécanisme habituel aux mammifères ; avant d'en venir là, on donnera par quelques exemples une idée des mœurs sexuelles de toutes sortes de bêtes choisies parmi les arthropodes.

Voici les scorpions, ces représentants terrestres des crustacés aquatiques. Les deux sexes sont identiques, organes génitaux ordinairement invisibles, cachés entre l'abdomen et le céphalo-thorax (partie antérieure où la tête sans cou prolonge directement le thorax). Le mâle est pourvu de deux pénis rigides englobés dans un fourreau double, mais formant un seul canal ; il les insère, tenant la femelle ventre à ventre, dans la vulve, l'une des branches inclinant à droite, l'autre à gauche, vers chacun des deux oviductes. Même mécanisme chez les crustacés, à moins, ce qui est assez rare, qu'ils soient hermaphrodites. Comme le scorpion, les homards, les langoustes, les écrevisses, les crabes, s'accouplent selon un rite qui ressemble singulièrement aux habitudes humaines. Singulière vision que celle de cette homarde qui, à l'attaque du mâle, se renverse sur le dos, souffre patiemment que le mâle s'étende sur elle, enlaçant aux siennes ses pattes et ses pinces ! Vision de sabbat que Callot ou Doré n'auraient peinte qu'avec peur ! Peut-être voudra-t-on penser à cela et considérer avant de l'ouvrir le vendre cuirassé de ces bêtes qui ont propagé leur espèce, parmi les algues, dans les trous des rochers ? Les glandes génitales des crustacés sont excellentes ; on mange aussi très volontiers celles des oursins : il n'y a même que cela de bon dans ces bêtes rugueuses. Les mâles des gros crustacés ont des canaux éjaculateurs qui sont érectiles, se dressent en forme de double verge d'entre la première paire de pattes ; les femelles sont parallèlement pourvues de deux vulves ouvrant sur la troisième pièce sternale ou à la base des pattes qui correspondent à ce segment. La copulation s'opère par des actes vifs, réitérés deux ou trois fois, l'espace d'un quart d'heure. Le mâle de la crevette des ruisseaux, qui nage couché sur le côté, tient sa femelle entre ses pattes et progresse ainsi par bonds : elle est beaucoup plus petite que lui. Même mécanisme chez l'aselle et le talitre, ou puce de mer.

Il y a beaucoup de singularités dans les mœurs sexuelles des petits crustacés : le mâle du bopyre vit en parasite sur la femelle, quatre à cinq, fois plus grosse que lui ; et, ce qui augmente l'étrangeté, c'est que la femelle elle-même est le parasite du palémon. C'est elle qui forme cette petite boursouflure, grisâtre une fois cuite, qui se voit sur le côté de la tête des crevettes devenues roses. Les pêcheurs affirment volontiers que cette tâche ovale représente une petite sole, mais ils racontent bien d'autres merveilles : que les anatifes, par exemple, ces moules pédonculées que l'on voit sur les vieux bois rejetés par la mer, ne sont autre chose que des embryons de canards sauvages, et tel brave marin les a vus lui-même prendre leur vol [1]. Le mâle de la linguatule est également bien plus petit que la femelle ; il n'a qu'un seul testicule, mais deux longs organes copulateurs qui perforent simultanément la femelle, éjaculant vers les deux ovaires. C'est encore un petit mâle que l'hydrachne, acarien aquatique ; deux ou trois fois moindre que la femelle, il est seul pourvu d'une queue, au bout de laquelle se trouvent ses organes génitaux ; ceux de la femelle sont formés d'une papille placée sous le ventre et que signale, entourant le pertuis, une tache blanche. Le mâle nage, la femelle vient à sa rencontre, se relève obliquement, fait coïncider son point blanc avec l'extrémité caudale de son amant, et la jonction s'accomplit. On voit alors le mâle entraîner la femelle qui gigote ; l'accouplement, avec des repos, mais sans que cesse le contact profond, dure plusieurs jours.

C'est au contraire, chez des insectes supérieurement doués, la femelle qui traîne son mâle : la fourmi porte le sien sur son dos, cependant qu'il ; courbe en arc son abdomen vers la vulve ; ainsi chargée, elle vole, elle monte, elle plane, puis tombe avec lui, comme une goutte d'eau. Il meurt sur place, la femelle se relève, gagne son nid, pond, avant d'accueillir la mort. Les noces des fourmis, c'est toute une fourmilière à la fois ; la chute des amants simule une cascade dorée et la résurrection des femelles jaillit au soleil comme une écume rousse. La scutellère est un insecte tantôt de forme carrée, écussonnale, ressemblant à la verte punaise des bois, tantôt long et cylindrique, avec, sur les ailes, des points et des lignes de toutes les couleurs. L'une d'elles, scutiforme, qualifiée de « lineata » dos rouge avec des raies noires, est commune sur les ombellifères. La copulation a lieu bout à bout : on les observe ainsi nouées, la femelle remorquant son mâle, plus petit, de feuille en feuille, d'ombelle en ombelle [2]. Les forficules s'accouplent également bout à bout ; les puces, où le mâle est moindre, se tiennent ventre à ventre, pattes enlacées ; la position est plus singulière, rappelant celle des libellules, chez la louvette, petit insecte qui vit sur les genêts et se jette volontiers sur l'homme : la vulve est en effet située près de la bouche.

Les coléoptères s'adonnent au cavalage ; l'acte a une durée très variable, depuis deux heures jusqu'à deux jours. Le hanneton mâle poursuit la femelle avec ferveur : il est si ardent qu'il cavale souvent d'autres mâles, trompé par l'odeur de rut qui flotte dans l'air. Il saisit la femelle et la tient serrée avec ses pattes antérieures et avec ses crochets génitaux. L'union se prolonge un jour et une nuit ; enfin le mâle épuisé fait la culbute, tombe sur le dos, tout en demeurant accroché par les pièces péniales, et la femelle, qui s'en va brouter, impassible, le traîne le long des feuilles, jusqu'à ce que la mort le détache de sa claie : alors elle pond et meurt à son tour. Les papillons sont également très fervents, les mâles faisant de véritables voyages, comme l'a prouvé J.-H. Fabre, en quête des femelles. Ils volent souvent accouplés, la femelle plus robuste supportant aisément le mâle : c'est un spectacle très fréquent à la campagne que ces papillons à quatre paires d'ailes qui roulent, étourdis un peu, de fleur en fleur, bateau ivre qui va où ses voiles le mènent.

Avec les mouches, le féminisme s'introduit franchement dans le mécanisme même de l'amour. Ce sont les femelles qui possèdent l'appareil copulateur ; ce sont elles qui enfoncent leur oviducte, alors véritable verge, dans le ventre du mâle ; ce sont elles qui font le geste dominateur, le mâle n'agit qu'en saisissant cette tarière avec les crochets qui entourent sa fente génitale. C'est cette même vrille qui sert à la femelle à creuser le bois, la terre ou la chair pour y déposer ses œufs. L'accouplement a lieu bout à bout : il est des plus faciles à observer.

Voilà assez d'exemples pour que l'on puisse se rendre compte de ce qu'il y a de permanent dans le mécanisme de la copulation vraie, et de ce qu'il y a de variable dans ses modes extérieurs. Étant données les deux pièces capitales de l'appareil, l'épée et son fourreau, la nature laisse aux espèces le soin d'imaginer, dirait-on, la meilleure manière de s'en servir, et toute méthode lui paraît bonne, qui est féconde. Elle en a de plus singulières, car les inventions, sexuelles de l'humanité sont presque toutes antérieures ou extérieures à l'homme ! Il n'en est aucune dont le modèle, et même perfectionné, ne lui soit offert par les animaux, par les plus humbles.

S'il n'y a pas de règle générale, s'il n'y a pas une manière morale de féconder une femelle et une manière immorale, il faut reconnaître que le même mode est fixe dans la même espèce, ou dans le même genre, ou dans la même famille. Je ne pense pas qu'on ait jamais observé de variation dans les mœurs sexuelles de l'animalité ; cependant les actes de pure exonération étant possibles, la méthode de l'amour ne peut pas être considérée comme rigoureusement fixe. Elle a varié chez les abeilles sociales, partant des rapports de couple, de l'agressivité du mâle, pour aboutir à la fécondation politique et autoritaire d'une seule femelle par un seul mâle choisi entre cent esclaves favoris. Le mécanisme lui-même a dû se modifier, en même temps que les organes, se plier aux circonstances corporelles et de milieu, sous la pression du système nerveux qui commande des actes sans se soucier des instruments qui l'accompliront. On trouve la preuve de ces changements dans l'hermaphrodisme accidentel d'un grand nombre d'invertébrés et même de poissons, tels que la morue, le hareng, le scombre : changement fondamental, puisqu'il fait passer l'animal d'une catégorie supérieure à une catégorie inférieure ; c'est un rappel des origines, sans doute, et l'indication que les espèces soumises à ces accidents sont loin d'être physiologiquement fixées. Il est très probable que des accidents analogues, moins accentués, visibles quelquefois par la malformation extérieure, invisibles dans leur influence psychologique, sont la cause de certaines tendances anormales, de certains goûts en contraste avec le sexe apparent et même réel. Mais ceci ne répondrait pas encore à la véritable question : y-a-t-il chez les animaux, en dehors des aberrations purement mécaniques, des fantaisies érotiques ? On ne peut dire non avec certitude. L'animal ne suit qu'un sillon ; quand il l'a tracé, s'il lui est donné de vivre une autre saison, il revient sur ses pas, attentif à la même besogne, soumis à toujours les mêmes gestes. Sans doute, mais les animaux familiers à l'homme, ou ses voisins, le chien, le singe, peut-être le chat, sont assurément capables de fantaisies érotiques : il est donc difficile de refuser cette tendance aux autres animaux, aux hyménoptères, par exemple, si intelligents. Qui sait d'ailleurs si certains modes excentriques de copulation ne sont pas des fantaisies fixées, devenues des habitudes qui ont supplanté une méthode antérieure, l'animal étant peu capable de superposer deux coutumes ?

Il reste du moins acquis que le mécanisme de l'amour est dans la nature d'une infinie variété et que, s'il apparaît stable dans la plupart des espèces fixes, il est, en son ensemble, extrêmement oscillant, capricieux et fantaisiste.

---

1. Le nom de ces cirripèdes (il en a été question plus haut) témoigne de cette superstition : anatife est l'abrégé de anatifère, qui porte des canards, latin *anas, anatis*. « ...Un arbre tout aussi merveilleux, c'est celui qui produit les barnacles ; car les fruits de cet arbre se changent en oiseaux » (Voyages de Mandeville).
2. Ceci ne semble pas général. J'ai observé récemment, sur les ombelles de la carotte sauvage, de nombreux couples de scutellères, procédant par cavalage, le mâle inerte, couché sur la femelle qui se promenait, s'agitait à la moindre alerte. Forme : étroite, presque cylindrique ; couleur : rouge orange, avec deux courtes bandes noires ; fort suçoir, longues antennes. L'union dure au moins un jour et une nuit.

Chapitre 11

LE MÉCANISME DE L'AMOUR

III. Des oiseaux aux poissons.—Mâles sans pénis.—Accouplement par simple contact.—Salacité des oiseaux.—Copulation des batraciens : crapaud accoucheur, crapaud aquatique, crapaud terrestre, crapaud pipa. —Parasitisme fœtal.—Chasteté des poissons. —Les sexes séparés dans l'amour.— Fécondation onanistique.—Les céphalopodes : le spermatophore.

C'est vers le milieu du deuxième mois que se dessine dans le fœtus humain la séparation du cloaque en deux régions ; une cloison se forme qui isolera absolument la voie digestive de la voie uro-génitale. La persistance du cloaque n'est pas un signe de primitivité, puisqu'on la trouve à la fois chez les sélaciens, les batraciens, les reptiles, les monotrèmes et les oiseaux. La région uro-génitale des marsupiaux et de plusieurs rongeurs est soumise à un sphincter unique, témoin d'une réunion originaire.

Le cloaque de l'oiseau est divisé en trois chambres, pour les trois fonctions, l'orifice extérieur étant nécessairement unique, par définition. C'est avec cet appareil rudimentaire que le commun des oiseaux vaque aux plaisirs de l'amour. Le mâle étant dépourvu de toute pièce érectile, le coït n'est qu'un simple contact, une pression, peut-être un frottement ; si déplaisante que soit la comparaison, c'est un jeu analogue au baiser bouche à bouche, ou bien, si l'on veut, à la pesée de deux tribades serrées vulve à vulve. Loin d'être une régression ou un arrêt, c'est un progrès, peut-être ; le mâle, du moins, y gagne en sécurité et en vigueur, n'étant obligé qu'à très peu de développement musculaire. La salacité de certains oiseaux est bien connue, et l'on ne voit point que l'absence de pénis extérieur diminue leur ardeur, atténue la volupté qu'ils trouvent à ces contacts succincts. Peut-être le plaisir génital direct se concentre-t-il dans une papille vasculaire qui se gonfle un peu au moment des approches ; elle est très rudimentaire, souvent inappréciable, mais il semble bien que c'est un organe excitateur, producteur de volupté. Le mâle monte sur la femelle, la maintient des pattes et du bec, les deux cloaques se superposent et le sperme coule dans l'oviducte. On voit des moineaux répéter jusqu'à vingt fois de suite l'acte sexuel, toujours avec la même trépidation, la même expression de contentement ; la femelle s'en lasse la première, manifeste son impatience. Les oiseaux sont surtout intéressants par leurs mœurs, par ce qu'ils mettent de jeu autour de l'amour, leurs parades, leurs combats ; on les retrouvera en plusieurs autres chapitres.

Les batraciens ne vivent guère que pour la reproduction. Hors de la saison des amours, ils demeurent tout engourdis. Le rut les surexcite et ces animaux glacés et lents se révèlent ardents et acharnés. Les mâles se battent pour la possession des femelles ; celui qui en tient une, rien ne peut la lui faire lâcher. On en a vu rester fermes au poste, même après qu'on leur eut coupé les jambes postérieures, même après l'ablation de la moitié du corps. La copulation n'est cependant qu'un simulacre ; elle a lieu par simple contact, en l'absence de tout organe extérieur, même chez les salamandres, malgré les bourrelets qui entourent leur cloaque, esquisse d'un appareil resté extrêmement rudimentaire, peut-être problématique. Chez les anoures, le mâle, plus petit que la femelle, grimpe sur son dos, passe ses pattes antérieures, ses bras, sous ses aisselles, demeure ainsi, peau contre peau, pendant un mois, deux mois. Au bout de ce temps, les flancs pressés de la femelle laissent enfin s'écouler les œufs, et il les féconde, à mesure qu'ils tombent. Tel est l'accouplement des grenouilles ; il dure de quinze à vingt jours. Le mâle se hisse sur la femelle, l'enveloppe de ses bras, croise les mains sur sa poitrine, la tenant étroitement embrassée. Alors il reste immobile, en un état extatique, insensible à tout choc extérieur, à toute blessure. Il semble bien que le seul but de cet enlacement soit d'exercer soit une pression, soit une excitation sur le ventre de la femelle et de lui faire rendre ses œufs. Elle en pond un millier que le mâle au passage arrose de sperme.

Tous les anoures (batraciens sans queue) pressent ainsi leur femelle, tel qu'un citron ; mais le mécanisme de la fécondation des œufs est assez variable. Le crapaud accoucheur, enlacé comme ses pareils, aide, avec ses pattes de derrière, à la sortie du chapelet, qu'il déroule grain à grain, dévotieusement, cependant que la femelle, immobile dévidoir, se prête volontiers à cette manœuvre qu'elle ressent peut-être comme une caresse. Le crapaud aquatique ne tire pas sur le chapelet ; il le reçoit sur ses pattes et quand il tient une dizaine, il l'arrose, en éjaculant dessus avec un mouvement de reins, dit le vieux Rœsel, pareil à celui du chien dans le coït. Quant au vulgaire crapaud terrestre, celui qui sonne dans l'air calme du soir comme une pure cloche de cristal, il attend que tous les œufs soient sortis, les arrange en un tas, puis, tout excité de soubresauts, les inonde.

Mais nulle patience batracienne n'est plus curieuse que celle du crapaud pipa. C'est une hideuse bête aux petits yeux, à la bouche entourée de barbillons, la peau vert noirâtre pleine de verrues et de bouffissures. À mesure que les œufs sont pondus, le mâle les féconde ; ensuite il les prend avec ses larges pattes palmées et les étale sur le dos de la femelle. Autour de chaque œuf, il se forme une petite pustule protectrice, à l'intérieur de laquelle éclosent les petits. Une femelle où l'éclosion commence présente ce spectacle étrange d'un dos d'où émergent çà et là des têtes et des pattes, d'où surgissent des petits crapauds qui semblent nés d'un paradoxe [1]. Cette formation montre une fois de plus que tout est bon à la nature qui ne veut qu'arriver à ses fins, qui ne songe qu'à la perpétuité de la vie. Une poche incubatrice était nécessaire et elle a été oubliée : peu importe, l'animal s'en fera une, aux dépens de lui-même ou aux dépens d'une autre espèce. Les petits du pipa exercent un véritable parasitisme, commandé par une distraction de la nature. Que le dépôt des œufs ait lieu sur le dos de la mère ou dans les tissus d'un animal étranger, le parasitisme n'en est pas moins évident ; tout au plus y a-t-il une question de degré. C'est à ce point de vue qu'il serait permis de considérer l'évolution interne, normale, des produits sexuels comme une évolution parasitaire : le petit du mammifère est un parasite de sa mère, comme le petit de l'ichneumon est un parasite de la chenille qui lui a servi d'utérus. Ainsi considérée, la notion du parasitisme temporaire, larvaire, disparaîtrait, ou plutôt prendrait une très grande extension, enveloppant un nombre considérable de faits jusqu'ici répartis en catégories irréductibles.

La fécondation par contact est très rare chez les poissons, autres que les sélaciens. On ne la rencontre guère que chez les lophobranches et quelques autres poissons vivipares, tels que la blennie : la laitance pénètre sans copulation dans les organes femelles et les œufs se développent soit dans ces organes, soit dans une poche que le mâle porte sous le ventre, soit même dans la bouche du mâle qui a la vertu d'assurer ainsi la venue au monde de ses enfants. Les lophobranches sont des poissons de tout point singuliers : l'un d'eux l'hippocampe, ce ludion à tête de cheval, donne une bonne idée de la famille. Les poissons ordinaires, ceux que l'on connaît, ceux que l'on mange, quel que soit l'ordre où les ait rangés M. de Lacépède, sont des bêtes chastes, dénuées de toute fantaisie érotique.

Ce qui semble l'essentiel de la volupté leur est inconnu. Les mâles ignorent la possession ; les femelles, le don ; nuls attouchements, nul frottis, nulle caresse. L'objet du désir du mâle, ce n'est pas la femelle, ce sont les œufs ; ceux qu'elle va pondre et qu'il guette ; ceux qu'elle a déjà pondus et qu'il cherche : excitation toute pareille à celles qui produisent l'onanisme, à celles qu'engendre le fétichisme chez certains aberrés et qui joue à la vue d'un soulier, d'un ruban, s'amortit jusqu'à la frigidité devant la femme elle-même. Le poisson répand sa semence sur des œufs dont il n'a jamais vu la mère, qu'il rencontre flottants. Souvent même, ils lâchent, tous deux au hasard, l'un ses œufs, l'autre sa laitance, et la jonction des deux éléments se fait au gré des courants ou selon le remuement des vagues. Parfois ils font un couple discret. La femelle remonte le fleuve, s'arrête aux fonds d'herbe ou de sable ; le mâle la suit, obéissant à son geste. De telles mœurs ont permis de cultiver les poissons avec certitude, comme des champignons, et mieux. On prend une femelle mûre, gonflée d'œufs, on l'exprime comme une orange ; puis on vide le mâle de sa laitance, et la nature se charge du reste. Ce procédé n'est plus possible avec certaines espèces qui manœuvrent de concert, le mâle renversé sur le dos, l'orifice génital sous celui de la pondeuse, éjaculant à mesure.

On sait que les saumons remontent par troupes souvent très denses les fleuves, et jusqu'aux rivières, jusqu'aux ruisseaux, pour déposer leur frai en des coins calmes et propices. Ensuite, ils redescendent, exténués par les barrages et les chutes franchis à coups de queue, par leurs exercices génitaux. La colonne est souvent guidée par une femelle, et les autres femelles viennent ensuite, suivies des vieux mâles, les jeunes formant l'arrière-garde. Quand elle a trouvé un endroit convenable, une des pondeuses s'arrête, creuse le sable avec son ventre, laisse dans le trou un paquet d'œufs qu'un vieux mâle arrose aussitôt ; mais le patriarche a été suivi par de jeunes saumons qui l'imitent, fécondent aussi ces mêmes œufs. Il y aurait, chez ces poissons, une sorte d'école où des gens d'expérience enseigneraient aux nouveaux venus dans la vie les procédés de la fécondation. Ce mélange d'œufs et de semences de tout âge serait singulièrement favorable au maintien du type spécifique, si l'instabilité du milieu n'amenait des rencontres entre éléments appartenant à des variétés voisines : malgré le bon vouloir des naturalistes, saumons et truites ne forment pratiquement qu'une seule famille, et rien n'est plus difficile, par exemple, que de déterminer l'espèce d'un jeune saumon ou de différencier du saumon commun la truite de mer.

Les amours des poissons (et aussi des échinodermes, astéries, oursins, etc.) se réduisent donc la plupart du temps à celles d'un ovule et d'un spermatozoïde. C'est l'essentiel. Mais une telle simplification a quelque chose de choquant pour la sensibilité d'un vertébré supérieur ou d'un insecte habitué aux parades amoureuses, aux caresses, aux contacts multipliés ou prolongés, à la présence et à la complicité de l'autre sexe.

Cette manière d'aimer à distance n'est certes pas inconnue des hommes, mais il semble qu'ils y soient conduits par la nécessité plus encore que par le goût, par la morale plutôt que par la recherche du plus grand plaisir. Les satisfactions génitales obtenues en dehors du contact sexuel, outre qu'elles sont nécessairement infécondes, sauf en de scabreuses expériences scientifiques, exercent souvent sur les systèmes nerveux et musculaire une dépression plus grande que même les excès pratiqués en commun. Mais ce résultat n'est pas tellement évident qu'on puisse le tourner en principe de moralité, et il reste, tout bien considéré, que l'onanisme fait partie des gestes de la nature. Une conclusion différente serait plus agréable ; mais des milliards d'êtres protesteraient dans tous les océans et sous les roseaux, de tous les fleuves. On peut aller plus loin et insinuer que cette méthode, qui nous paraît monstrueuse ou, car il s'agit de poissons, singulière, est peut-être supérieure au procédé laborieux du cavalage, si laid, en général, et si incommode. Mais il n'y a pas dans la nature terrestre, pas plus que dans l'univers concevable, un haut et un bas, un envers et un endroit ; il n'y a ni bon ni mauvais, ni bien ni mal, mais des états de vie qui remplissent leur but, puisqu'ils existent et que leur but est l'existence. Sans doute le désaccord entre la volonté et les organes est constant à tous les degrés de la vie et très accentué chez l'homme, où les volontés sont multiples, mais le système nerveux, en somme, reste le maître et gouverne, même au péril de sa vie. Ce n'est pas le hasard des circonstances et des milieux qui a gonflé en papille, puis en pénis, le spermiducte de certains poissons, qui a formé à ce pénis une gaine aux dépens de la nageoire caudale, c'est la volonté des ganglions cérébraux. L'évolution du système nerveux est toujours plus avancée que celle des organes, ce qui est une cause d'incohérence, en même temps que de progrès ou de changement. Le jour où le cerveau n'a plus d'ordres à donner, ou lorsque les organes ont épuisé leurs facultés d'obéissance, l'espèce se fixe ; si elle s'est fixée en état d'incohérence, elle marche vers une mort certaine, comme les monotrèmes. Beaucoup d'espèces semblent avoir été détruites en pleine évolution par les exigences contradictoires d'un système nerveux capricieux et tyrannique.

Il faut que le céphalopode mâle féconde la femelle. Comment le fera-t-il, n'ayant pas d'organe vecteur du sperme ? Il s'en façonnera un. On crut pendant longtemps que les femelles des argonautes étaient toutes hantées d'un parasite. Cette bête mystérieuse n'est autre chose que l'instrument même de la fécondation. Le mâle a une poche où s'accumule le sperme ; de cette poche où ils s'enveloppent de bourses qu'on appelle spermatophores, les animalcules se dirigent tous vers le troisième bras de l'argonaute, et ce bras s'élargit en spatule, s'arme d'un flagellum, perd ses ventouses, puis, quand il est lourd de vie, comme une grappe mûre, se détache, vogue vers la femelle, aborde à son ventre, se loge dans la cavité palléale, extravase la semence dans les organes où elle va rencontrer les ovules. L'organe mâle apparaît donc ici comme un individu temporaire, un être tierce entre le père et la mère, un messager qui porte à la femelle le trésor génital du mâle. Ni l'un ni l'autre ne se connaissent. Le mâle ignore tout de l'être pour lequel il se coupe un membre, le membre, et de son fécondateur la femelle ne connaît que l'organe seul qui la féconde. Plus compliquée un peu que celle des poissons, plus ancienne aussi, probablement, cette méthode ne semble possible que pour des animaux aquatiques. Cependant c'est celle de beaucoup de végétaux : ce bras nageur rappelle les grains ailés de pollen qui voguent au loin vers les pistils. Très peu de fleurs se peuvent féconder directement ; à presque toutes il faut un entremetteur, le vent, l'insecte, l'oiseau. La nature a donné des ailes au phallus, bien des milliers d'années avant l'imagination des peintres pompéiens ; elle a pensé à cela, non pour le plaisir des femmes timides, mais pour la satisfaction des plus hideuses bêtes qui peuplent les océans, les seiches, les calmars et les pieuvres !

---

1. Le dos comme chambre gestative, cela se retrouve dans les pucerons, à l'une de leurs phases parthénogénétiques. Cf. J.-H. Fabre, *Souvenirs*, VIII, *les Pucerons du térébinthe*.

Chapitre 12

LE MÉCANISME DE l'AMOUR

IV. L'Hermaphrodisme.—Vie sexuelle des huîtres.—Les gastéropodes.—L'idée de reproduction et l'idée de volupté.—Mécanisme de la fécondation réciproque: les hélices.—Mœurs spintriennes.—Réflexions sur l'hermaphrodisme.

CHAPITRE XII

Les poissons sont les seuls vertébrés parmi lesquels on rencontre l'hermaphrodisme, soit accidentellement, cyprins, harengs, scombres, soit régulièrement, sargue, sparaillon, séran. Les myxines, poissons très humbles, vivant en parasites, sont des hermaphrodites alternatifs, comme les huîtres, comme les ascidies ; la glande génitale fonctionne d'abord comme testicule, ensuite comme ovaire. L'amphioxus, ce pont de l'invertébré au vertébré, n'est pas hermaphrodite. Les formes les mieux caractérisées et les plus compliquées de l'hermaphrodisme se rencontrent chez les mollusques, et principalement chez les gastéropodes.

L'hermaphrodisme alternatif des huîtres produit des effets qui ont été observés de toute antiquité. Le conseil populaire de s'abstenir des huîtres pendant les mois sans r est basé sur un fait, et ce fait est sexuel. De septembre à mai, elles sont mâles, elles ont des testicules, elles élaborent du sperme, elles sont bonnes ; de juin à août, les ovaires bourgeonnent, se remplissent d'œufs qui deviennent blanchâtres à mesure qu'ils mûrissent, elles sont femelles, elles sont mauvaises : la fécondation s'opère à ce moment, les spermatozoïdes nés dans la période précédente faisant enfin leur office. Les superstitions, les préjugés, avant d'être rejetés, doivent être observés et analysés minutieusement : il y a presque toujours dans l'enveloppe grossière un fruit de vérité.

Dans l'hermaphrodisme des échinodermes, des poissons, il n'y a jamais auto-fécondation, les produits sexuels se rencontrant en dehors des animaux, qui n'ont ni organes copulateurs, ni vie génitale de relation ; c'est un simple croisement de germes. À une phase plus complexe, les individus portent des organes mâles extérieurs et des organes femelles, mais ils ne peuvent s'en servir qu'avec le concours d'un autre individu faisant office soit de mâle, soit de femelle. Là, une nouvelle distinction s'impose : ou bien l'animal sera successivement le mâle, puis la femelle ; ou bien il sera l'un et l'autre au même moment. La réunion des deux sexes semble bien inutile, selon la logique humaine, quand les deux glandes génitales mûrissent à des époques différentes ; on la comprend mieux quand la fécondation réciproque est simultanée, puisque cela double le nombre des femelles et assure mieux la conservation de l'espèce. Quant à l'idée de volupté, il faut en faire abstraction. Outre que nous ne pouvons en juger que par une analogie très lointaine et même douteuse, vu la dissemblance des systèmes nerveux, il faut l'écarter comme inutile. La volupté est un résultat et non un but. Dans le plus grand nombre des espèces animales, le coït n'est que le prélude de la mort, et souvent l'amour et la mort font à la même minute leur office suprême. La copulation des insectes est un suicide : serait-il raisonnable de la considérer comme motivée par le désir de mourir ? Il faut disjoindre l'idée de volupté et l'idée d'amour, si l'on veut comprendre quelque chose aux mouvements tragiques qui engendrent perpétuellement la vie aux dépens de la vie elle-même. La volupté n'explique rien. La mort toute simple serait commandée aux êtres, comme moyen de reproduction, qu'ils obéiraient avec la même fougue : et ceci se voit même dans l'humanité. Des dithyrambes sur la volupté seraient d'ailleurs fort déplacés à propos des chatouillements réciproques que se font deux escargots sur une feuille de vigne ; le sujet est plutôt pénible.

Voici donc deux hélices, toutes les deux bisexuées, répondant exactement à la parole de la Bible : « Il les créa mâle et femelle » ; leurs organes génitaux sont très développés ; le pénis et l'oviducte débouchent dans un vestibule, lequel, dans l'acte copulateur, se dévagine en partie, de sorte que le pénis et le vagin viennent affleurer l'orifice : c'est alors qu'il y a intromission réciproque. Dans le vestibule débouche un troisième organe, sans analogue chez les animaux supérieurs, une pochette qui contient un petit dard, un stylet pierreux : c'est un organe excitateur, l'aiguille avec quoi piquer les désirs. Les bêtes, qui ont préludé à l'amour par le jeûne, par de longs frôlements, par des journées entières de pressions gluantes, se décident enfin, les épées sortent du fourreau ; elles se lardent consciencieusement l'une à l'autre, et cela fait surgir les pénis hors de leur gaine : la double pariade s'accomplit.

Il y a des espèces où la position des organes est telle que le même individu ne peut pas être en même temps la femelle de celui dont il est le mâle ; mais il peut, au moment qu'il agit comme mâle, servir de femelle à un autre mâle, lequel est la femelle d'un troisième, et ainsi de suite. Et cela explique ces chapelets de gastéropodes spintriens où l'on voit se réaliser innocemment, et selon le vœu inéluctable de la nature, des imaginations charnelles dont se vante l'humanité érotique. Vue à cette lumière des mœurs animales, la débauche perd tout son caractère et tout son sel, parce qu'elle perd toute son immoralité. L'homme, qui réunit en lui toutes les aptitudes des animaux, tous leurs instincts laborieux, toutes leurs industries, ne pouvait éviter l'héritage de leurs méthodes sexuelles : et il n'y a pas une luxure qui n'ait dans la nature son type normal.

Avant de sortir de ce milieu répugnant, que l'on regarde encore les sangsues. Hermaphrodites, elles pratiquent également la fécondation réciproque, mais la position de leurs sexes les oblige à une attitude singulière : la verge saillit d'un pore situé vers la bouche ; le vagin est au-dessus de l'anus. La copulation des vilaines bêtes forme donc un tête-à-queue, la ventouse buccale coïncidant avec la ventouse anale.

Les animaux à deux sexes ne comportent nécessairement aucun dimorphisme sexuel. Mais ni cette identité des individus, ni la double fonction dont ils sont investis ne contredisent la loi générale qui semble vouloir que la procréation d'un individu soit due à des éléments provenant de deux individus différents. L'autofécondation est exceptionnelle, très rare. Que l'animal possède les deux glandes génitales ou l'une des deux seulement, il faut un mâle, ou un individu agissant comme mâle, et une femelle, ou un individu agissant comme femelle, pour perpétuer la vie. L'hermaphrodisme alternatif confirme ces données, soit que la même glande se transforme totalement et tour à tour en principe mâle, puis en principe femelle, soit que, partagée entre une moitié mâle et une moitié femelle, ces deux moitiés mûrissent simultanément ou successivement. Quand il y a alternance totale ou partielle, c'est le principe mâle qui est prêt le premier et qui attend : ainsi l'agressivité du mâle et la passivité de la femelle sont visibles dès les plus obscures manifestations de la vie sexuelle : la psychologie fondamentale d'une ascidie ne diffère pas de celle d'un insecte ou de celle d'un mammifère.

Chapitre 13

LE MÉCANISME DE l'AMOUR

V. Fécondation artificielle.—Disjonction de l'appareil sécréteur et de l'appareil copulateur.—Les araignées.—Découverte de leur méthode copulatrice.—Brutalité de la femelle.—Mœurs de l'épeire.—L'argyronète. —La tarentule.—Exceptions : les faucheurs.— Les libellules.—Les demoiselles, les vierges et les jouvencelles.—Tableau de leurs amours.

L'appareil sécréteur du sperme et l'appareil copulateur sont parfois disjoints. La femelle a un vagin situé normalement ; le mâle n'a point de pénis ou bien il est placé à un endroit du corps qui n'est pas en symétrie avec l'organe récepteur. Il faut donc, selon les cas, eu que le mâle, comme on l'a vu pour les céphalopodes, se fabrique un pénis artificiel, et c'est ce que fait l'araignée, eu bien se livre à des manœuvres compliquées pour dompter la femelle et amener la coïncidence des deux orifices : c'est ce que fait la libellule.

La méthode de la plupart des aranéides ressemble étrangement à la pratique médicale que l'on appelle fécondation artificielle, quoiqu'elle le soit à peine davantage que la fécondation normale. Ici et là, il s'agit de mettre les spermatozoïdes sur le chemin où ils rencontreront les ovules : peu importe que ce soit une verge ou une seringue qui soit le véhicule. Chez les araignées, c'est une seringue. On a cru longtemps que l'organe génital tout entier se trouvait dans les palpes du mâle : mais, l'anatomie n'y découvrant rien de semblable, Savigny pensa que l'introduction des palpes dans la vulve n'était qu'une manœuvre excitatrice, et que la véritable copulation venait ensuite. On n'avait observé que la moitié de l'acte, la seconde phase. La première consiste en ceci : que le mâle, avec ses palpes, recueille à son ventre la semence et la porte ensuite dans l'organe femelle. Le péripalpe maxillaire, ou antenne, ainsi transformé en pénis, renferme un canal en spirale que le mâle charge en l'appliquant à l'embouchure de ses canaux spermatiques. On le voit s'ouvrir à l'articulation d'un des nœuds, laisser paraître un bourrelet blanc, se replier, s'enfoncer dans la vulve, sortir, et l'insecte fuir. Système merveilleusement adapté aux circonstances, car la femelle est féroce et dévore volontiers son amant ! Mais est-ce la férocité de la bête qui a modifié le système fécondateur, ou bien est-ce le système, si peu tendre, qui incline la patiente à ne trouver qu'un ennemi dans un soupirant qui s'avance la corne en avant ? Les actes producteurs d'effets constants et utiles nous semblent toujours ordonnés selon une logique admirable ; il n'y a qu'à s'abandonner à quelque paresse d'esprit pour être amené, tout doucement, à les qualifier de providentiels et l'on tombe peu à peu dans les rets innocents de la finalité.

Sans doute, et ce n'est pas niable, il y a une finalité générale, mais il faut la concevoir comme représentée tout entière par l'état présent de la nature. Ce ne sera pas une conception d'ordre, c'est une conception de fait ; et, en tout cas, les moyens mis en œuvre pour atteindre ce fait ne doivent nullement être intégrés dans la finalité même. Aucun des procédés de la génération, par exemple, ne porte la marque de la nécessité. Ce n'est pas la férocité de l'araignée qui a commandé ses mœurs sexuelles ; la mante femelle est plus féroce encore et la méthode des mantes est le cavalage. Il ne semble pas que rien dans la nature soit ordonné en vue d'un bien ; les causes aveuglément engendrent des causes : les unes maintiennent la vie, les autres la font progresser, les autres la détruisent ; nous les qualifions différemment, selon l'inspiration de notre sensibilité, mais elles sont inqualifiables, elles sont des mouvements, et cela seul. Le ricochet du galet sur l'eau est réussi ou n'est pas réussi, cela n'a aucune importance en soi, et il n'en sera rien de plus, rien de moins. C'est une image de la finalité suprême : après huit ou dix bondissements, la vie, comme le caillou jeté par l'enfant, tombera dans l'abîme et avec lui tout le bien et tout le mal, tous les faits et toutes les idées, toutes les choses.

L'idée de finalité ramenée à l'idée de fait, on n'est plus tenté de vouloir expliquer la nature. On essaiera modestement de reconstituer la chaîne des causes et, comme il y manquera toujours un très grand nombre d'anneaux et que l'absence d'un seul anneau suffit à fausser tout le raisonnement, ce sera avec une piété tempérée par le scepticisme.

L'épeire, bien qu'araignée, n'est pas une vilaine bête ; elle est épiscopale, elle porte sur le dos une jolie croix blanche renversée. Les grosses sont les femelles ; les toutes petites, les mâles. Toutes les deux accrochent leurs toiles aux buissons, aux arbrisseaux, vivent sans se connaître tant que l'instinct n'a pas parlé. Un jour vient où le mâle s'inquiète ; les moucherons ne lui suffisent plus ; il part, il abandonne la demeure qu'il ne reverra peut-être jamais. Il n'est pas en effet sans inquiétude et de la peur se mêle à son désir, car l'amante qu'il va solliciter est une ogresse. Aussi se ménage-t-il une retraite, en cas de conflit ; de la toile de la femelle à une branche voisine, il tend un fil, chemin d'arrivée, porte de sortie. Souvent, dès qu'il se montre, l'air effaré, l'épeire se jette sur lui, et sans formes le dévore. Est-ce férocité ? Non, c'est stupidité. Elle aussi attend le mâle, mais son attention demeure partagée entre la venue du visiteur et la venue de la proie. La toile a tressailli, elle bondit, enlace, dévore. Peut-être un second mâle, s'il s'en présente d'aventure, sera-t-il accueilli volontiers, ce premier sacrifice accompli ; peut-être cette méprise, si c'en est une, va-t-elle éveiller tout à fait l'attention amoureuse de cette femelle distraite ? Férocité, stupidité ; il y a une autre explication, que je donnerai plus tard, à propos de la mante et de la sauterelle verte : il est très probable que le sacrifice du mâle, ou d'un mâle, est absolument nécessaire et que c'est un rite sexuel. Le petit mâle approche donc ; s'il est reconnu, et si sa venue coïncide avec l'état génital de la femelle, elle ne se comporte pas autrement que toutes ses pareilles, et, bien qu'elle soit et plus grosse et plus forte, elle fuit, se laisse, pleine de coquetterie, glisser le long d'un fil ; le mâle imite ce jeu, il descend ; elle remonte, il remonte ; alors la connaissance est faite, ils se tâtent, se palpent, le mâle emplit sa pompe, la pariade a lieu. Elle est rapide, le mâle demeurant aux aguets, prêt à fuir au moindre mouvement de l'adversaire : et souvent il n'en a pas le temps. À peine la fécondation est-elle opérée que l'ogresse se retourne, bondissante, et dévore l'amant sur le lieu même de ses amours. On dit même qu'elle n'attend pas toujours la fin de l'opération et que, préférant un bon repas à une caresse, elle interrompt le jeu d'un coup de mandibules. Quand le mâle a le bonheur de pouvoir fuir, il disparaît prompt comme l'éclair, glisse comme la foudre le long de son fil.

L'argyronète use de manœuvres analogues, mais plus curieuses encore. C'est une araignée aquatique, qui descend dans l'eau au moyen d'une ingénieuse petite cloche à plongeur, nid futur. La femelle ayant construit sa cloche, le mâle, qui n'ose se présenter, imagine cette ruse de construire une autre cloche immédiatement voisine de celle de la femelle. Ensuite, au moment propice, il crève le mur mitoyen, profite de la surprise causée par son entrée brusque. Quand il s'agit de ne pas être mangé, tous les moyens sont bons.

La tarentule, dont les mœurs sont loin d'être douces, n'est pas cruelle avec son amant. Ce monstre qui ne tisse pas de toile file des amours idylliques. Ce sont de longs préludes, des jeux puérils, de fines caresses, des bondissements d'agneaux. Enfin, la femelle se soumet entièrement. Le mâle, alors, la dispose à son gré, lui fait prendre l'attitude la plus favorable, et, couché obliquement sur elle, doucement, à plusieurs reprises, puisant le sperme à son abdomen, l'insinue avec chacun de ses palpes, l'un après l'autre, dans la vulve gonflée de la femelle. La disjonction a lieu brusquement, par un saut. Plus tendres encore sont les amours des araignées sauteuses, ces bêtes qui s'avancent par petites saccades, s'arrêtent, guettent, bondissent sur leur proie, insecte ou mouche, ou bien, pendues à un long fil qui flotte, se laissent porter au gré du vent. Quand le mâle et la femelle se rencontrent, ils s'approchent, se tâtent de leurs pattes antérieures et de leurs tenailles, s'éloignent, reviennent, recommencent. Après mille jeux, ils se posent tête à tête et le mâle grimpe sur la femelle, s'allonge sur elle jusqu'à ce qu'il ait atteint l'abdomen. Alors il en soulève l'extrémité, applique son palpe à l'orifice de la vulve, puis se retire. Le même acte recommence plusieurs fois ; la femelle s'y prête avec complaisance, ne fait aucune avanie à son compagnon.

Il y a quelques exceptions à cette méthode des araignées : ainsi les faucheurs, ces petites boules montées sur d'immenses pattes, opèrent par cavalage. Les mâles ont une verge rétractile fixée à l'abdomen par deux ligaments ; la femelle un oviducte qui s'ouvre en vulve et s'élargit intérieurement en une vaste poche, séjour des œufs. Le mâle ne vient à bout de la femelle, fort rétive à l'amour, qu'en lui saisissant les mandibules avec ses pinces. Domptée par cette morsure, elle se laisse faire : l'accouplement ne dure que quelques secondes.

La libellule, joliment appelée la demoiselle, est un des plus beaux insectes du monde, et le plus beau, assurément, de ceux qui volent, dans nos climats ; aucune couleur douce de papillon ne vaut les nuances mouvantes de son souple abdomen, les tons vifs de sa tête qui semble casquée d'acier bleu. Comment les décrire ? Il est difficile d'en trouver deux de pareilles : celle-ci a le corps fauve avec un abdomen gris pâle, taché de jaune, les pattes noires, les ailes diaphanes, avec des bordures ou

Physique de l'Amour

des nervures brunes, noires et blanches ; celle-là a la tête jaune, les yeux bruns, le corselet brun, veiné de vert, l'abdomen touché de vert et de jaune, les ailes irisées ; cette autre, la Vierge, est d'un vert doré ou d'un bleu à reflets verts, les ailes immaculées ; cette autre, la Jouvencelle, aux ailes invisibles à force d'être fines, revêt toutes les nuances, bleu de métal, vert mordoré, violet d'iris, fauve de chrysanthème, mais quelle que soit sa couleur fondamentale, elle la cercle, élégant barillet, d'anneaux, de velours noir. Les naturalistes divisent ces bestioles en libellules, aeshnes, agrions ; Fabricius dispute avec Linné : les paysans et les enfants, car les grandes personnes, et sérieuses, méprisent la nature, les nomment « demoiselles, vierges et jouvencelles ». Les unes volent très haut, parmi les arbres, d'autres se tiennent le long des ruisseaux et des étangs, d'autres aiment les fougères, les ajoncs, les genêts. J'ai passé des journées de soleil à les observer, espérant voir leurs amours ; je les ai vues, et j'ai su que Réaumur ne nous a pas trompés. C'était à la surface d'un étang et parmi les fleurs du bord, un matin de juillet, un matin de flamme. La Vierge, au corselet vert bleu, aux ailes presque invisibles, voletait en grand nombre, lentement, comme avec sérieux ; l'heure de la pariade était venue. Et partout, des couples se formaient, des anneaux d'azur pendaient aux herbes, frissonnaient sur la feuille de la lentille d'eau, partout des flèches bleues et des flèches vertes jouaient à se fuir, à se frôler, à se joindre. Les gros yeux et la forte tête de la libellule donnent à cette chose étincelante un air grave.

Le canal éjaculateur aboutit au neuvième anneau de l'abdomen, c'est-à-dire à la pointe ; l'appareil copulateur est fixé au deuxième anneau, c'est-à-dire près du col, et se compose d'un pénis, de crochets et d'un réservoir : le mâle repliant son long ventre emplit d'abord le réservoir, ensuite le transvide dans les organes de la femelle. Il poursuit longtemps l'amante qu'il veut, joue avec elle, enfin la saisit au-dessus du col avec les pinces qui terminent son abdomen, puis, se roulant comme un serpent, s'incline en avant et continue de voler, bête à quatre paires d'ailes. En cette attitude, le mâle, sûr de lui, l'air indifférent d'un maître de l'heure, chasse les insectes, visite les fleurs et les aisselles des plantes où sommeillent les moucherons, les saisissant avec sa patte pour les porter à sa bouche. Enfin la femelle cède, replie par en dessous son abdomen flexible, en fait coïncider l'ouverture avec le pénis pectoral du mâle ; et les deux bestioles ne sont plus qu'une splendide bague à double chaton, une bague frémissante de vie et de feu.

Aucun geste d'amour plus charmant ne peut être imaginé que celui de la femelle recourbant lentement son corps bleu, faisant la moitié du chemin vers son amant, qui, dressé sur ses pattes antérieures supporte, les muscles tendus, tout le poids de ce mouvement. On dirait, tant cela est immatériel et pur, deux ; idées qui se joignent dans la limpidité d'une pensée nécessaire.

Chapitre 14

LE MÉCANISME DE L'AMOUR

VI. Le cannibalisme sexuel.—Les femelles qui mangent le mâle et celles qui mangent le spermatophore.—Utilité probable de ces pratiques.—La fécondation par le mâle total. —Amours du dectique à front blanc.—La sauterelle verte.—L'analote des Alpes.— L'éphippigère.—Autres réflexions sur le cannibalisme sexuel.—Amours de la mante religieuse.

L'araignée mange son mâle ; la mante mange son mâle ; chez les locustiens, les femelles, fécondées par un spermatophore, une énorme grappe génitale que le mâle dépose sous leur ventre, rongent jusqu'au dernier lambeau l'enveloppe des spermatozoïdes. Ces deux faits doivent sans doute être rapprochés. Que la femelle dévore le mâle tout entier ou seulement le produit de sa glande génitale, il s'agit très probablement dans les deux cas d'un acte complémentaire de la fécondation. Il y aurait dans le mâle des éléments assimilables nécessaires au développement des œufs, à peu près comme l'albumen des graines, plantule avortée, est nécessaire à la nourriture de l'embryon végétal, plantule survivante. Les plantes, d'après de récentes études, naîtraient jumelles : pour vivre, il faut que l'une des deux mange l'autre. Transporté dans la vie animale, et légèrement modifié, ce mécanisme explique ce que l'on a appelé, par sentimentalisme, la férocité sexuelle des mantes et des araignées. La vie est faite de vie. Rien ne vit qu'aux dépens de la vie. Le mâle des insectes meurt presque toujours aussitôt après la pariade ; chez les locustiens, il est littéralement vidé par l'effort génital : que la femelle le respecte, qu'elle le dévore, sa vie n'en sera guère ni plus longue, ni plus brève. Il est sacrifié ; pourquoi, si cela est bon à l'espèce, ne serait-il pas mangé ? Enfin, il l'est. C'est son destin, et il le pressent, du moins le mâle araignée, car le mâle mante se laisse ronger avec un parfait stoïcisme. L'un regimbe au sacrifice ; l'autre s'y soumet. Il s'agit bien d'un rite et non d'un accident ou d'un crime. Des expériences pourraient se tenter. On empêcherait la femelle dectique de picoter la graine de gui dont le mâle s'est déchargé sur elle ; on surveillerait l'accouplement des mantes, que l'on isolerait aussitôt : et l'on suivrait toutes les phases de la ponte et de l'éclosion. Si la spermatophagie du dectique est inutile, inutile le meurtre de la mante mâle, cela annulera les réflexions précédentes ; d'autres surgiraient.

Le dectique à front blanc est, comme tous les locustiens (sauterelles), un insecte très vieux ; il existait dès l'époque de la houille, et c'est peut-être cette ancienneté qui explique la singularité de sa méthode fécondatrice. Comme chez les céphalopodes, ses contemporains, il a recours au spermatophore ; cependant il y a pariade, il y a embrassement ; il y a même jeux et mamours. Voici le couple face à face, se caressant avec leurs longues antennes, « aussi fines que des cheveux », dit Fabre ; après un moment, ils se quittent. Le lendemain, nouvelle rencontre, nouvelles blandices. Un autre jour, Fabre surprend le mâle terrassé par sa femelle, qui l'accable de son étreinte, lui mordille le ventre. Le mâle se dégage et fuit, mais un nouvel assaut le dompte et le voilà gisant, culbuté sur le dos. Cette fois la femelle, dressée sur ses hautes pattes, le tient ventre à ventre, elle recourbe l'extrémité de son abdomen, la victime en fait autant, il y a jonction, et bientôt des flancs convulsionnés du mâle on voit sourdre quelque chose d'énorme, comme si la bête expulsait ses entrailles. « C'est, continue le merveilleux observateur [1], une outre opaline semblable en grosseur et en couleur à une baie de gui », outre à quatre poches au moins, réunies par de faibles sillons. Cette outre, le spermatophore, la femelle la reçoit et, collée à son ventre, elle l'emporte. Remis de son coup de foudre, le mâle se relève, fait sa toilette ; la femelle mange, tout en se promenant. « De temps à autre, elle se hausse sur ses échasses, se boucle en anneau et saisit de ses mandibules son faix opalin, qu'elle mordille doucement. » Elle en détache des parcelles, les mâche soigneusement, les avale. Ainsi, cependant que les particules fécondantes s'extravasent vers les œufs qu'ils vont animer, la femelle dévore la poche spermatique. Après y avoir goûté miette à miette, elle l'arrache tout d'un coup, la pétrit, l'ingurgite entière. Pas une parcelle n'en est perdue ; la place est nette, et l'oviscapte nettoyé, lavé, poli. Le mâle, durant ce repas, s'est remis à chanter, mais ce n'est plus un chant d'amour ; il va mourir, il meurt : passant près de lui, à ce moment, la femelle le regarde, le flaire, lui ronge la cuisse.

Fabre n'a pu voir la pariade de la sauterelle verte, qui a lieu la nuit, mais il en a observé les longs préludes, il a vu le jeu lent des molles antennes. Quant au résultat de l'accouplement, il est le même que chez tous les locustiens, et la femelle pareillement mâche et avale l'ampoule génitale. C'est une redoutable bête de proie, qui dévore toute vive une énorme cigale, qui hume sans peur les entrailles d'un hanneton gigotant. On ne dit pas si elle mange son mâle, mort ou vif ; c'est assez probable, car il est fort timide. Un autre dectique, l'analote des Alpes, a donné à Fabre ce spectacle effarant : le mâle sur le dos, la femelle sur le ventre, les organes génitaux se joignant bout à bout par ce seul contact, et cependant qu'elle reçoit la caresse fécondante, cette femelle énigmatique, l'avant-corps relevé, rongeant un autre mâle, maintenu sous ses griffes le ventre ouvert, impassible, à petites bouchées ! Le mâle analote est beaucoup plus petit et plus faible que la femelle ; comme son confrère araignée, il fuit au plus vite, l'accouplement fini ; il est très souvent croqué. Dans le cas observé par Fabre, le repas qui accompagnait l'amour était, sans doute, la suite d'une première pariade : ces locustiennes, en effet, ont cette autre habitude, rare chez les insectes, d'accepter plusieurs amants. Vraiment cette Marguerite de Bourgogne cannibale est un beau type de bête, donne un beau spectacle, non de l'immoralité, vain mot, de la sérénité de la nature, qui permet tout, veut tout, pour laquelle il n'y a ni vices, ni vertus, mais seulement des mouvements et des réactions chimiques !

Le spermatophore de l'éphippigère est énorme, près de la moitié du volume de la bête. Le repas nuptial s'accomplit selon le même rite, et la femelle y joint, ayant épuisé son outre, le pauvre mâle épuisé. Elle n'attend même pas qu'il soit mort ; elle le dépèce agonisant, membre à membre : ayant fécondé la femelle de tout son sang, il doit encore la nourrir de toute sa chair.

Cette chair du mâle est sans doute pour la mère future un puissant réconfort. Les femelles des mammifères, après la mise bas, dévorent le placenta. On a interprété différemment cet acte habituel. Les uns y voient une précaution contre l'ennemi : il faut abolir les traces d'un état qui indique nettement un être affaibli, sans défense, entouré de petits, proie savoureuse et à la merci de tous les crocs ; pour d'autres, c'est une récupération de forces. Cette dernière opinion semble plus vraisemblable, surtout si l'on songe aux habitudes des locustiens. Le spermatophore, en effet, est analogue, avant, à ce que représente, après, le placenta. D'autre part, la fécondation, avant d'être un acte spécifique, rentre dans les phénomènes généraux de la nutrition : c'est l'intégration d'une force dans une autre force, et rien de plus. La dévoration du mâle ne représenterait donc, partielle ou complète, que la forme la plus primitive de l'union des cellules, cette jonction de deux unités en une seule qui précède la segmentation, la nourrit, la rend possible pendant un temps limité, après quoi une nouvelle conjugaison est nécessaire. Si les actes actuels ne sont qu'une survivance, s'ils ont duré alors que leur utilité avait disparu, c'est une autre question, et que, une fois encore, je renvoie aux expérimentateurs. Il me suffirait d'avoir fait accepter ce principe général que les actes des animaux, quels qu'ils soient, ne peuvent être compris que si on les dépouille des qualifications sentimentales dont les a revêtus une humanité ignorante et corrompue par le finalisme providentiel. Tout en reconnaissant l'immense valeur sociale des préjugés, il doit être permis à l'analyse de les décortiquer et de les moudre. Rien ne paraît plus clair que l'expression d'amour maternel, et rien n'est plus répandu dans la nature entière : rien cependant ne donne une plus fausse interprétation des actes que ces deux mots prétendent expliquer. On en fait une vertu, c'est-à-dire, selon le sens chrétien, un acte volontaire ; on semble croire qu'il dépend de la mère d'aimer ou de ne pas aimer ses enfants, et l'on considère comme coupables celles qui se relâchent dans leurs soins ou qui les oublient. Comme la génération, l'amour maternel est un commandement ; c'est la condition seconde de la perpétuité de la vie. Des mères parfois en sont dénuées ; des mères aussi sont stériles : la volonté n'intervient ni dans un cas ni dans l'autre. Comme le reste de la nature, comme nous-mêmes, les animaux vivent soumis à la nécessité, ils font ce qu'ils doivent faire, autant que le permettent leurs organes. La mante qui mange son mari est une excellente pondeuse et qui prépare avec passion l'avenir de sa progéniture.

D'après les observations de Fabre, qui a surveillé, en cage, des couples de ces insectes singuliers, ce sont les femelles des mantes, bien plus fortes que les mâles, bien plus de proies, qui se livrent à la lutte pour l'amour. Les combats sont meurtriers : la femelle vaincue est aussitôt mangée.

Le mâle est timide. Au moment du désir, il se borne à des poses, à des œillades, que la femelle semble considérer avec indifférence ou avec dédain. Las de parader, cependant, il se décide, et, les ailes étalées, tout frémissant, saute sur le dos de l'ogresse. La pariade dure cinq ou six heures : quand le nœud se dénoue, l'amant est régulièrement mangé. Elle est polyandre, cette femelle terrible. Alors que les autres insectes refusent le mâle, quand leurs ovaires ont été fécondés, la mante en accepte deux, trois, quatre, jusqu'à sept : et cette barbe-bleue, l'œuvre accomplie, les croque sans rémission. Fabre a vu mieux. La mante est presque le seul insecte qui ait un cou ; la tète ne se joint pas immédiatement au thorax, et ce cou est long, flexible en tous les sens. Alors, cependant que le mâle l'enlace et la féconde, la femelle tourne la tête en arrière et tranquillement ronge son compagnon de plaisir. En voici un qui n'a déjà plus de tête. Cet autre a disparu jusqu'au corsage et ses restes s'agrippent à la femelle qui dévore ainsi le mâle par les deux bouts, tirant de son époux à la fois la volupté de l'amour et la volupté de la table. Le double plaisir ne cesse que lorsque la cannibale attaque le ventre : le mâle tombe en lambeaux et la femelle l'achève par terre. Poiret a vu une scène peut-être encore plus extraordinaire. Un mâle saute sur une femelle et va s'accoupler. La femelle fait virer sa tête, dévisage l'intrus et brusquement, d'un coup de sa patte-mâchoire, une merveilleuse petite faux dentelée, lui tranche la tête. Sans se déconcerter, le mâle se cale, se déploie, fait l'amour comme si rien ne s'était passé d'anormal. La pariade eut lieu et la femelle voulut bien attendre la fin de l'opération pour achever son repas de noces.

Ce décapité qui fait l'amour s'explique par ceci, que le cerveau des insectes ne semble pas avoir la direction unique des mouvements ; ces animaux peuvent donc vivre sans ganglion cervical. Une sauterelle sans tête porte encore à sa bouche, au bout de trois heures, sa patte froissée, mouvement qui lui est familier, à l'état intégral.

La petite mante, ou mante décolorée, est presque aussi féroce que sa grande sœur, la mante religieuse ; mais l'empuse, espèce fort voisine, semble pacifique.

---

1. *Souvenirs*, VI.

Chapitre 15

LA PARADE SEXUELLE

Universalité de la caresse, des préludes amoureux.—Leur rôle dans la fécondation.—Jeux sexuels des oiseaux.—Comment se caressent les cantharides.—Combats des mâles.—Combats simulés chez les oiseaux.—La danse des tétras.—L'oiseau jardinier.—Sa maison de campagne.—Son goût pour les fleurs.—Réflexions sur l'origine de l'art.—Combats des grillons.—Parade des papillons.—Le sens de l'orientation sexuelle.—Le grand-paon.—Soumission des animaux aux ordres de la nature.—Transmutation des valeurs physiques.—Calendrier du rut.

On a pu se convaincre, par les faits rapportés dans les chapitres précédents, que les jeux de l'amour, préludes, caresses, combats, ne sont nullement particuliers à l'espèce humaine. À presque tous les degrés de l'échelle animale, ou plutôt dans toutes les branches de l'éventail animal, le mâle est le même, la femelle est la même. C'est toujours la figure que donne le mécanisme intime de l'union de l'animalcule et de l'ovule : une forteresse, vers laquelle *amans volat, currit et lœtatur*. Tout le passage de l'*Imitation* (1. III, ch. IV, § 4) est une merveilleuse psychologie de l'amour dans la nature, de l'attraction sexuelle telle qu'elle est sensible dans toute la série des êtres. Il faut que l'assiégeant entre dans la forteresse ; il emploie la violence, quelquefois, la douce violence ; plus souvent la ruse, la caresse.

La caresse, ces gestes charmants, de grâce et de tendresse, nous les faisons nécessairement, non parce que nous sommes des hommes, mais parce que nous sommes des animaux. Leur but est d'aviver la sensibilité, de disposer l'organisme, d'accomplir avec joie sa fonction suprême. Ils ne sont agréables à l'individu, très probablement, ils ne sont perçus comme volupté que parce qu'ils sont utiles à l'espèce. Ce caractère de nécessité est naturellement plus appréciable chez les animaux que chez l'homme. La caresse y revêt des formes fixes, dont le baiser d'ailleurs donne bien l'idée, et elle fait partie intégrante du cavalage. Prélude, mais prélude qui ne peut être omis sans compromettre la partie essentielle du drame. Il arrive cependant que l'homme, apte à se surexciter cérébralement, abrège ou même néglige le prologue du coït ; cela se voit aussi chez quelques-uns des mammifères domestiques, taureau, étalon. La vue seule de l'autre sexe, et l'odeur aussi, sans doute, suffisent à déterminer un état qui permet la jonction immédiate. Il n'en est déjà plus de même chez cet autre animal, plus domestique encore, le chien : les deux sexes se livrent d'abord à des jeux, à des explorations ; ils se demandent l'un l'autre leur consentement ; on se fait la cour ; parfois le mâle, malgré son état, recule ; plus souvent la femelle abaisse sa queue, pont-levis, et ferme la forteresse. On sait aussi les agaceries que se font les oiseaux. M. Mantegazza a raconté agréablement les jeux sexuels de deux vautours, la femelle, emprisonnée dans la carcasse d'un cheval presque dévoré, s'interrompant de becqueter la charogne pour gémir profondément, en redressant la tête, pour regarder en l'air. Un autre vautour planait au-dessus du charnier et répondait aux gémissements de la vautouresse. Cependant, quand le mâle surexcité descendit vers la femelle qu'il croyait vaincue, elle s'enfonça dans la carcasse, après une lutte brève qui fit comprendre au mâle que l'heure n'était pas venue et le mit en fuite. Après cela, les gémissements recommencèrent ; la femelle semblait fâchée ; elle était montée sur sa cage d'ossements, gonflant ses ailes, relevant la queue, toute roucoulante. L'union eut lieu enfin dans un grand bruit de plumes froissées et d'ossements heurtés.

Le même auteur a noté avec précision les préludes compliqués auxquels se livrèrent sous ses yeux deux moineaux. En voici le résumé, pour ainsi dire graphique : Une troupe de moineaux sur un toit le matin ; ils sont calmes, font leur toilette. Survient un gros mâle qui jette un cri violent : une des femelles riposte aussitôt, non par un cri, mais par un acte : elle s'éloigne de la troupe. Le mâle la rejoint ; elle s'envole vers un toit voisin ; là, c'est avec le mâle qui l'a suivie un long caquetage, bec à bec. Nouvelle fuite ; le mâle se repose au soleil, puis rejoint encore une fois la pierrette. Les assauts commencent ; le mâle est repoussé. La femelle se dérobe en sautillant, par petits bonds. Le bord du toit arrête la fuite ; elle profite de ce prétexte, et se livre.

Mais, c'est le prodigieux ; insecte qu'il faut interroger. On connaît les cantharides, ces beaux coléoptères auxquels la pharmacie a fait une si vilaine réputation. La femelle ronge sa feuille de frêne ; le mâle survient, monte sur son dos, l'enlace de ses pattes postérieures. Alors, de son abdomen allongé, il fouette les flancs de la femelle, alternativement à droite et à gauche, avec une rapidité frénétique. En même temps, de ses pattes antérieures, il lui masse, lui flagelle furieusement la nuque ; tout son corps trépide et vibre. La femelle reste passive, attend le calme. Il vient. Sans lâcher prise, le mâle étend en croix ses pattes de devant, se détend un peu, oscillant de la tête et du corselet. La femelle se remet à brouter. Le calme est bref ; les folies du mâle recommencent. Puis, c'est une autre manœuvre : avec le pli des jambes et des tarses, il saisit les antennes de la femelle, la force à relever la tête, en même temps qu'il redouble ses coups de fouet sur les flancs. Nouvelle pose ; nouvelle reprise de la flagellation : enfin, la femelle s'ouvre. L'accouplement dure un jour et une nuit, après quoi le mâle tombe, mais tout en restant noué à la femelle, qui le traîne, le pénis attaché à ses organes, de feuille en feuille. Parfois, il broute aussi, un peu, çà et là ; quand il se détache, c'est pour mourir. La femelle pond, meurt à son tour.

La cérocome, insecte voisin de la cantharide, a des mœurs analogues ; mais la femelle est encore plus froide, et le mâle est obligé d'en tâter plus d'une avant de trouver qui lui réponde. Il a beau cribler de ses coups de pattes les flancs de la compagne élue, elle reste insensible, inerte. Ce manège a tout l'air, d'ailleurs, d'être passé à l'état de manie dans les muscles des mâles, si bien qu'à défaut de femelles ils se chevauchent et se tambourinent les uns les autres. Sitôt qu'un mâle est chargé d'un autre mâle, il prend l'attitude femelle, se tient coi ; on voit des pyramides de trois et quatre mâles : alors celui du dessus est le seul qui agite la frénésie de ses pattes amoureuses ; les autres se tiennent immobiles, comme si leur position d'être cavales les transformait aussitôt en bêtes passives : cela tient sans doute à l'écrasement de leurs muscles [1].

Il est rare que la femelle facilite au mâle l'accomplissement de son œuvre ; mais il a un autre obstacle à vaincre, très souvent : les autres mâles. Il n'y a aucun rapport, contrairement à ce que l'on pourrait croire, entre le caractère social du mâle et son caractère amoureux. Des animaux féroces se montrent à ce moment beaucoup plus placides que des animaux doux et même craintifs. Qui croirait que le timide lapin est un amant impétueux, tyrannique et jaloux ? Il faut que la femelle lui cède à son premier désir, sinon il se fâche. Elle est d'ailleurs fort lascive, la lapine ; la gestation n'arrête nullement ses amours. Le lièvre, qui ne passe point pour brave, est un mâle ardent et convaincu ; il se bat furieusement avec ses pareils pour la possession d'une femelle. Ce sont des animaux fort bien outillés pour l'amour, pénis très développé, clitoris presque aussi gros. Les mâles font de véritables voyages, courent des nuits entières, à la recherche des hases, qui sont sédentaires : de même que les lapines, elles ne se refusent jamais, mêmes déjà pleines.

Martres, putois, zibelines, rats se livrent, à l'époque du rut, de violents combats. Les rats accompagnent ces luttes de cris aigus. Les cerfs, les sangliers, un grand nombre d'autres espèces, se battent jusqu'à la mort pour la possession des femelles ; cette pratique n'est pas inconnue à l'humanité. Il n'est pas jusqu'aux lourdes tortues que l'amour n'exaspère : le mâle est vaincu, qui a été renversé sur le dos.

Plus fins, destinés peut-être à une civilisation supérieure et charmante, les oiseaux se plaisent aussi à lutter, parfois le duel est sérieux, comme chez les gallinacés (combats de coqs) souvent, il est de courtoisie, de simulacre. La femelle du coq de roche, qui vit au Brésil, est fauve et sans beauté ; le mâle est jaune orange, la crête bordée de rouge foncé, les pennes des ailes et de la queue d'un rouge brun. On voit ceci : les femelles rangées en cercle, comme une foule autour de baladins ; ce sont les mâles qui se pavanent, font des grâces, remuent leurs plumes chatoyantes, se font admirer, se font désirer. De temps en temps, une femelle s'avoue séduite : un couple se forme. Mais les tétras, coqs de bruyère de l'Amérique du Nord, ont des habitudes encore plus curieuses. Leurs luttes sont devenues exactement ce que nous en avons fait, des danses. Ce n'est même plus le tournoi, c'est le tour de valse. Ce qui achève de prouver que ces parades sont bien une survivance, une transformation, c'est que les mâles, à force de s'y amuser, s'y livrent non seulement avant, mais après l'accouplement. Ils les pratiquent même, pour se désennuyer, pendant la couvaison, en l'absence des femelles absorbées par leur devoir maternel. Des voyageurs [2] décrivent ainsi la danse des tétras : « Ils se rassemblent vingt ou trente en une place choisie, et là se mettent à danser, mais comme des fous. Ouvrant leurs ailes, ils rassemblent leurs pieds, sautent, comme des hommes dans la danse du sac. Ensuite, ils s'avancent l'un vers l'autre, font un tour de valse, passent à un second partenaire et ainsi de suite. Cette contredanse des poulets de prairie est des plus amusantes. Ils s'y absorbent assez pour qu'on puisse les bien approcher. »

Des oiseaux d'Australie et de Nouvelle-Guinée [3] font l'amour avec un cérémonial charmant. Pour attirer son amante, le mâle construit une véritable maisonnette de campagne ou, s'il est moins habile, un rustique berceau de verdure. Il plante des rameaux, des brindilles vertes, car il est petit, de la taille d'un merle, qu'il courbe en voûte souvent de plus d'un mètre de long. Le sol, il le jonche de feuilles, de fleurs, de fruits rouges, d'ossements blancs, de brillants cailloux, de morceaux de métal, de bijoux volés aux environs. On dit que les colons australiens, quand il leur manque une bague ou une paire de ciseaux, vont les chercher dans ces tentes de verdure. Notre pie manifeste un certain goût pour les objets éclatants : on en a fait des contes. Le « jardinier » de la Nouvelle-Guinée est plus ingénieux encore ; il l'est au point que son œuvre semble une œuvre humaine et qu'on y est pris. Il fait avec son seul bec et ses seules pattes aussi bien et mieux que tels paysans, montrant même un goût du décor qui leur manque souvent. On cherche l'origine de l'art : la voilà, dans ce jeu sexuel d'un oiseau. Nos manifestations esthétiques ne sont que le développement du même instinct de plaire qui, en une espèce, surexcite le mâle, en une autre anime la femelle. S'il y a un surplus, il sera dépensé sans but, pour le pur plaisir : c'est l'art humain ; son origine est celle de l'art des oiseaux et de l'art des insectes.

La *Grande Encyclopédie* a donné l'image de la maison de plaisance du Jardinier, que l'on appelle savamment l'*Amblyornis inornata*, parce que cet artiste est sans beauté personnelle. On dirait la construction de quelque pygmée intelligent et fin. En voici d'ailleurs la description, telle que ce même ouvrage la résume d'après un voyageur italien, M. O. Beccari [4] : « En traversant une magnifique forêt, M. Beccari se trouva tout à coup en présence d'une petite cabane de forme conique, précédée d'une pelouse parsemée de fleurs, et il reconnut aussitôt dans cette hutte le genre de construction que les chasseurs de M. Bruijn avaient signalée à leur maître comme l'œuvre d'un oiseau à livrée sombre et un peu plus gros qu'un merle. Il en prit un croquis très exact et, en contrôlant par ses propres observations les récits des indigènes, il reconnut le procédé suivi par l'oiseau pour élever cette cabane qui ne représente pas un nid, mais plutôt une habitation de plaisance. L'amblyornis choisit une petite clairière au sol parfaitement uni et au centre de laquelle se dresse un arbrisseau. Autour de cet arbrisseau, qui servira d'axe à l'édifice, l'oiseau apporte un peu de mousse, puis il enfonce obliquement dans le sol des rameaux d'une plante qui continue à végéter quelque temps et qui, par leur juxtaposition, constituent les parois inclinées de la hutte. Sur un côté, cependant, ces rameaux s'écartent légèrement pour former une porte en avant de laquelle s'étend une belle pelouse dont les éléments ont été amenés péniblement, touffe à touffe, d'une certaine distance. Après avoir soigneusement nettoyé cette pelouse, l'amblyornis y sème des fleurs et des fruits qu'il va cueillir aux environs et qu'il renouvelle de temps en temps. »

Ce jardinier primitif appartient à la famille des oiseaux de Paradis, si remarquables par la beauté de leur plumage. Il semble que, ne pouvant se parer par lui-même, il ait extériorisé son instinct, D'après les voyageurs, ces cabanes sont de véritables maisons de rendez-vous, le vide-bouteilles du XVIIe siècle, la folie du XVIIIe. L'oiseau galant la pare de tout ce qui pourra plaire à la femelle qu'il y convie ; si elle est satisfaite, c'est le lieu des amours après avoir été celui des déclarations. Je ne sais si on a donné à ces curiosités toute l'importance qu'elles ont et dans l'histoire des oiseaux et dans celle de l'humanité. Le savant, seul informé de tels détails, n'y comprend rien, généralement. L'un d'eux, que je lis, songe à la pie voleuse et ajoute : ces traits, qui leur sont communs, rattachent étroitement les paradisiers aux corvidés. Sans doute : mais ce n'est pas très important. Le fait grave est ceci : la cueillaison d'une fleur. Le fait utile explique l'animalité ; le fait inutile explique l'homme. Or, il est capital de montrer que le fait inutile n'est point spécial à l'homme.

Ce sont également des combats de parade que ceux des grillons, mais peut-être pour une autre cause : la faiblesse de leurs armes offensives relativement à la solidité de leur cuirasse. Il y a cependant un vainqueur et un vaincu. Le vaincu décampe ; le vainqueur chante. Puis, il se lustre, trépigne, semble nerveux. Souvent, dit Fabre, l'émotion le rend muet ; ses élytres trépident sans produire de son. Quant à la grillonne, témoin du duel, elle court, dès qu'il s'achève, se cacher sous quelque feuille. « Elle écarte un peu le rideau, cependant, et regarde, et désire être vue. Après ce jeu, elle se montre tout à fait ; le grillon se précipite, fait brusquement demi-tour et, rampant en arrière, se coule sous le ventre de la femelle. L'œuvre achevée, il détale au plus vite, car, nous sommes devant un énigmatique orthoptère, la femelle le croque volontiers. C'est la chanson du mâle grillon qui attire la femelle. Quand elle l'entend, elle écoute, s'oriente, obéit à l'appel. Il en est de même chez les cigales, bien que les deux sexes vivent le plus souvent côte à côte. En imitant le bruit des mâles, on peut tromper les femelles et les faire venir.

Tantôt la vue, tantôt l'odorat guide le mâle. Beaucoup d'hyménoptères, doués d'un puissant organe visuel, guettent les femelles, en interrogeant les alentours. Ainsi font également la plupart des papillons diurnes. Quand le mâle aperçoit une femelle, il la poursuit, mais c'est pour la devancer, pour se faire voir, et il semble la tenter de lents battements d'ailes. Cette parade dure parfois assez longtemps. Enfin, leurs antennes se touchent, leurs ailes se frôlent, et ils s'envolent de compagnie. L'accouplement a très souvent lieu dans l'air ; ainsi procèdent les piérides. En certaines espèces, les bombyx, par exemple, dont les femelles sont lourdes et même aptères, le mâle, qui est au contraire très vif, en féconde plusieurs, allant de l'une à l'autre, et c'est cela sans doute qui a donné aux papillons leur réputation d'inconstance. Ils vivent trop peu pour la mériter : beaucoup, nés le matin, ne voient pas un second soleil. On pourrait bien plutôt en faire le symbole de la pensée pure. Il y en a qui ne mangent pas ; et, parmi ceux qui ne mangent pas, il y en a que la nature voue à la virginité. Hermaphrodites d'un genre singulier, mâles à droite, femelles à gauche, ils figurent deux moitiés sexuelles soudées selon la ligne médiane. Les organes dont le centre est coupé par cette ligne ne sont donc que des demi-organes, bons à rien sinon à l'amusement des observateurs. Les papillons hybrides, produits par le croisement de deux espèces, ne sont pas très rares ; ils sont également impropres à la reproduction.

L'accouplement des papillons de jour ne dure que quelques minutes ; il se prolonge souvent pendant une nuit et un jour chez les papillons de nuit, sphinx, phalènes, noctuelles. Si c'est une récompense, elle est due à leurs courageux voyages en quête de la femelle pressentie. Le grand-paon fait plusieurs lieues de pays pour tenter de satisfaire son amour. Blanchard raconte l'histoire de ce naturaliste qui, ayant capturé et enfermé dans sa poche une femelle de bombyx, rentra chez lui escorté d'un nuage formé de plus de deux cents mâles. Au printemps, dans un endroit où le grand-paon est si rare qu'on en récolte difficilement un ou deux par an, la présence d'une femelle en cage peut attirer une centaine de mâles, comme Fabre en a fait l'expérience. Ces mâles si fiévreux ne sont doués que d'une ardeur très brève. Qu'ils aient ou non touché la femelle, ils ne vivent que deux ou trois jours. Insectes énormes, plus gros que l'oiseau-mouche, ils ne mangent pas ; leurs pièces buccales ne sont qu'un ornement et un décor : ils naissent pour se reproduire et pour mourir. Les mâles semblent infiniment plus nombreux que les femelles et il est probable qu'il n'y en a pas plus d'un sur cent qui puisse accomplir sa destinée. Celui qui manque la femelle pourchassée, qui arrive trop tard, est perdu : sa vie est si brève qu'il lui sera très difficile d'en découvrir une seconde. Il est vrai que, dans les conditions normales, la femelle cavalée doit cesser aussitôt d'émettre son odeur sexuelle ; les mâles ne sont attirés par la même que pendant un temps beaucoup plus court et leurs quêtes ont des chances d'être moins infructueuses. Est-ce bien l'odorat tout seul qui les guide ?

Physique de l'Amour

À huit heures du matin chez Fabre, à Serignan, on voit éclore un cocon de petit-paon ; il en sort une femelle immédiatement emprisonnée sous la cloche de grillage. À midi, un mâle arrive ; c'est le premier que Fabre, qui a passé là sa vie, ait jamais vu. Le vent souffle du nord, il vient du nord, donc à contre odeur. À deux heures, il y en a dix. Venus sans hésiter jusqu'à la maison, ils se troublent, se trompent de fenêtre, errent de pièce en pièce, ne vont jamais directement vers la femelle. On dirait qu'à ce moment ils doivent faire usage d'un autre sens, peut-être la vue, malgré leur état de bêtes crépusculaires, et que la cage les gêne. Peut-être aussi est-il d'usage que la femelle vienne jouer au-devant d'eux ? Il est toutefois évident que l'odorat joue un très grand rôle ; le mystère ne serait pas moins grand si on supposait l'exercice d'un sens particulier, le sens de l'orientation sexuelle. Fabre a obtenu le même succès avec la femelle d'un autre papillon très rare, le bombyx du chêne, ou minime à bande : en une matinée, soixante mâles étaient accourus, tournoyant autour de la prisonnière. On observe des faits analogues, sinon identiques, chez certains serpents, chez des mammifères : tout le monde a vu, à la campagne, des chiens, attirés par une femelle en chaleur, venir de très loin, de près d'une lieue, sans que l'on puisse comprendre comment leur organisme a été averti.

Les explications sont vaines en ces matières. Elles amusent la curiosité sans satisfaire la raison. Ce qu'on perçoit nettement, c'est une nécessité ; il faut que l'acte s'accomplisse : pour cela, tous les obstacles, quels qu'ils soient, seront vaincus. Ni la distance, ni la difficulté du voyage, ni le danger des approches ne parviennent à rebuter l'instinct. Chez l'homme, qui possède parfois la force de se dérober aux commandements sexuels, la désobéissance peut avoir des résultats heureux. La chasteté, pareille à un transmutateur, change en énergie intellectuelle ou sociale l'énergie sexuelle sans emploi ; chez les animaux, cette transmutation des valeurs physiques est impossible.

L'aiguille de direction reste en une position immuable : l'obéissance est inéluctable. C'est pourquoi il y a une si profonde rumeur dans la nature quand les ordres printaniers sont promulgués. Les fleurs végétales ne sont pas les seules à s'ouvrir : les sexes de chair fleurissent aussi. Les oiseaux, les poissons prennent des couleurs neuves et plus vives. Il y a des chants, il y a des jeux, il y a des pèlerinages. Les saumons qui vivaient tranquilles à la bouche des fleuves, il leur faut s'assembler, partir, remonter les courants, franchir les écluses, s'écorcher sur les roches qui forment barrages et cataractes, s'exténuer, flèches, à bondir par-dessus tous les obstacles humains et naturels. Mâles et femelles arrivent exténués au bout de leur voyage, la frayère de sable fin où les unes vont déposer leurs œufs, où les autres vont répandre héroïquement la laitance faite de leur sang.

Le printemps n'est pas la seule saison du rut. Le calendrier de l'amour s'étend le long de toute l'année. En hiver, ce sont les loups, les renards ; au printemps, les oiseaux, les poissons ; en été, les insectes, beaucoup de mammifères ; en automne, les cerfs. L'hiver est très souvent la saison élue par les animaux polaires ; la zibeline s'accouple en janvier ; l'hermine, en mars ; le glouton, au commencement et à la fin de l'hiver. Les animaux domestiques ont souvent plusieurs saisons : pour le chien, le chat, les oiseaux privés, c'est le printemps et c'est l'automne. On trouve en tout temps des jeunes loutres. La plupart des insectes meurent après la pariade ; mais non tous les hémiptères, ni l'abeille mère, ni certains coléoptères, ni certaines mouches. Le cerf et l'étalon s'épuisent, mais non pas le bélier, ni le taureau, ni le bouc. La durée de la portée, chez les placentaires, semble dans une certaine relation avec le volume de l'animal : jument, onze à douze mois ; ânesse, douze mois et demi ; vache, biche, neuf mois ; brebis, chèvre, louve, renarde, cinq mois ; truie, quatre mois ; chienne, deux mois ; chatte, six semaines ; lapine, un mois.

Il y a des singularités : fécondée en août, la chevrette ne met bas que sept mois et demi plus tard, la croissance de l'embryon restant longtemps stationnaire, pour recommencer au printemps. Chez la chauve-souris, l'ovulation n'a lieu qu'à la fin de l'hiver, bien qu'elle ait reçu le mâle à l'automne : les femelles que l'on prend, pendant l'hibernation, ont le vagin gonflé d'un sperme inerte qui n'agira qu'au réveil printanier.

---

1. Pour ces deux observations, cf. Fabre, *Souvenirs*, tome II : *Cérocomes, mylabres et zonitis*.
2. Milton et Cheaddle. *De l'Atlantique au Pacifique*, p. 171 de la traduction française.
3. L'un n'a pas de nom prononçable ; les savants le désignent par cet assemblage de lettres : Ptilinorhynches. L'autre est appelé joliment par les sauvages le Jardinier.
4. Le titre de son étude est déjà très curieux : *Les cabanes et les jardins de l'Amblyornis* (Annales du Musée d'histoire naturelle de Gênes, 1876).

Chapitre 16

LA POLYGAMIE

> Rareté de la monogamie.—Goût du changement chez les animaux.—Rôles de la monogamie et de la polygamie dans la stabilité ou l'instabilité des types spécifiques.—Lutte du couple et de la polygamie.—Les couples parmi les poissons, les batraciens, les sauriens.—Monogamie des pigeons, des rossignols.—Monogamie des carnassiers, des rongeurs. —Mœurs du lapin.—La mangouste.—Causes inconnues de la polygamie.—Rareté et surabondance des mâles.—La polygamie chez les insectes.— Chez les poissons.—Chez les gallinacés et les palmipèdes.—Chez les herbivores.—Le harem de l'antilope.—La polygamie humaine.—Comment elle tempère le couple chez les civilisés.

Il n'y a d'animaux monogames que ceux qui ne font l'amour qu'une fois dans leur vie. Les exceptions à cette règle n'ont pas assez de constance pour être érigées en contre-règle. Il y a des monogamies de fait ; il n'y en a pas de nécessaires, dès que l'existence de l'animal est assez longue pour lui permettre de se reproduire plusieurs fois. Les femelles des mammifères en liberté fuient presque toujours le mâle qui les a déjà servies ; il leur faut du nouveau. La chienne n'accueille qu'à la dernière extrémité le chien de la précédente saison. Ceci me semble la lutte de l'espèce contre la variété. Le couple est formateur de variétés. La polygamie les ramène au type général de l'espèce. Les individus d'une espèce franchement polygame doivent présenter une ressemblance très grande ; si l'espèce incline à une certaine monogamie, les dissemblances deviennent plus nombreuses. Ce n'est pas une illusion qui nous fait reconnaître dans les races humaines à peu près monogames une moindre uniformité de type que dans les sociétés polygames ou livrées à la promiscuité, ou chez les espèces animales. L'exemple du chien semble le plus mal choisi entre tous ceux qu'il était possible de prendre. Il n'en est rien, c'est le meilleur, attendu qu'en recevant successivement des individus de variétés différentes, la chienne tend à produire des individus, non d'une variété spécialisée, mais au contraire d'un type où s'emmêlent des variétés multiples, individus qui, en se croisant et en se recroisant à leur tour, finiraient, si les chiens vivaient à l'état libre, par constituer une espèce unique. La liberté sexuelle tend à établir l'uniformité du type ; la monogamie lutte contre cette tendance et maintient la diversité. Une autre conséquence de cette manière de voir est qu'il faudra considérer la monogamie comme favorable au développement intellectuel, l'intelligence étant une différenciation qui s'accomplira d'autant plus souvent que seront plus nombreux les individus et les groupes déjà différenciés physiquement. Que l'uniformité physique engendre l'uniformité de sensibilité, puis d'intelligence, cela n'a point besoin d'être expliqué : or les intelligences ne comptent, ne marquent que par leurs différences ; uniformes, elles sont comme si elles n'étaient pas impuissantes à s'accrocher les unes aux autres, à réagir les unes contre les autres, faute d'aspérités, faute de courants contraires. C'est le troupeau dont chaque membre fait le même geste de fuir, de mordre ou de rugir.

Ni les conditions de la monogamie absolue, ni celles de la promiscuité absolue ne semblent se rencontrer à l'heure actuelle dans l'humanité, ni chez les animaux ; mais on voit le couple, en plusieurs espèces animales et humaines, soit à l'état de tendance, soit à l'état d'habitude. Plus souvent, surtout parmi les insectes, le père reste indifférent, même s'il survit quelque temps, aux conséquences de l'acte génital. D'autres fois, les luttes entre les mâles en réduisent tellement le nombre qu'un seul mâle demeure le maître et le servant d'une grande quantité de femelles. Il faut aussi distinguer entre la polygamie vraie et la polygamie successive ; entre la monogamie d'une saison et celle de la vie entière ; enfin, considérer à part les animaux qui ne font l'amour qu'une seule fois ou durant une saison unique suivie de mort.

Ces différentes variétés et toutes leurs nuances demanderaient une classification méthodique. Ce serait un long travail et qui peut-être n'atteindrait pas à une véritable exactitude, car, chez les animaux, comme chez l'homme, il faut compter avec le caprice, en matière sexuelle : quand une fidèle colombe est fatiguée de son amant, elle prend son vol et forme bientôt, avec quelque mâle adultère, un nouveau couple. Le couple est naturel, mais non le couple permanent. L'homme ne s'y est jamais plié qu'avec peine, encore que cela soit une des principales conditions de sa supériorité.

Les mamelles du mâle ne semblent pas prouver la primordialité du couple chez les mammifères. Bien qu'il y ait des exemples véridiques de mâles ayant donné du lait, il est difficile de considérer les mamelles du mâle comme destinées à un rôle véritable, à un allaitement de fortune [1]. Ce remplacement a été trop rarement observé pour qu'on en puisse tirer argument. L'embryologie explique très bien l'existence de cet organe inutile. L'instrument inutile est d'ailleurs aussi fréquent dans la nature que l'absence de l'instrument utile. La concordance parfaite de l'organe et de l'acte est rare.

Quand il s'agit des insectes, qui ne vivent qu'une saison d'amour, parfois deux saisons réelles, si, nés à l'automne, ils peuvent s'engourdir pour l'hiver, la polygamie est presque toujours la conséquence de la rareté des mâles, ou de la surabondance des femelles. L'espace leur est trop vaste, la nourriture trop abondante, pour qu'il naisse entre mâles des combats vraiment meurtriers. D'ailleurs, l'amour accompli, la minuscule gent ailée ne demande qu'à mourir ; le couple ne se forme que pour la durée de la fécondation ; les deux bêtes reprennent aussitôt leur liberté, qui est celle de pondre, pour la femelle, pour le mâle celle de languir et, parfois, de jeter au vent une dernière chanson. Il y a des exceptions à cette règle, mais si l'on considérait les exceptions du même regard que la règle, on ne verrait dans la nature que ce que l'on voit dans le sein d'un fleuve, de vagues mouvements, des ombres passantes. Pour concevoir quelque réalité, il faut concevoir la règle, d'abord, instrument de vision et de mesure. Chez la plupart des insectes, le mâle ne fait rien que de vivre ; il dépose sa semence dans le réceptacle de la femelle, reprend son vol, s'évanouit. Il ne partage aucun des travaux préparatoires de la ponte. Seule, la femelle sphex engage sa lutte terrible et habile avec le grillon, qu'elle paralyse de trois coups de poignard dans les trois centres nerveux moteurs ; seule, elle creuse le terrier oblique au fond duquel vivront les larves ; seule, elle le pare, l'emplit de provisions, le clôt. Seule, la femelle cercéris entasse dans la galerie profonde, fruit de ses fouilles, les charançons ou les buprestes immobilisés, nourriture de sa postérité. Seule, l'osmie, seule, la guêpe, seule, la philanthe, mais il faudrait citer presque tous les hyménoptères. On comprend mieux que, quand l'insecte dépose ses œufs soit au hasard, sans manœuvres préalables, soit par le jeu d'instruments spéciaux, la coopération du mâle fasse défaut : seule, la femelle des cigales peut enfoncer dans l'écorce de l'olivier son adroite tarière.

Il est cependant des couples parmi les insectes. Voici, au milieu des coléoptères, les bousiers, voici les nécrophores. Géotrupes stercoraires, copris lunaires, onitis bison, sisyphes, travaillent fort sagement deux à deux à préparer les vivres de la famille future. Alors, c'est le mâle qui semble le maître ; c'est lui qui dirige la manœuvre dans les opérations compliquées des nécrophores. Un couple s'empresse autour d'un cadavre, quelque mulot ; presque toujours un ou deux mâles isolés se joignent à eux ; la troupe s'organise, et l'on voit l'ingénieur en chef explorer le terrain, donner des ordres. La femelle les attend, immobile, prête à obéir, à suivre le mouvement. Dès qu'il y a couple, le mâle commande. Le mâle nécrophore assiste la femelle pendant les travaux de l'arrangement de la cellule et de la ponte. La plupart des bousiers, sisyphes ou copris, façonnent et transportent ensemble la pilule qui servira de nourriture aux larves : leur couple ressemble entièrement à celui des oiseaux. On pourrait croire que, dans ce cas, la monogamie est nécessitée par la nature des travaux ; nullement : le mâle, en d'autres espèces fort voisines, celui du scarabée sacré, par exemple, laisse la femelle édifier seule la boule excrémentitielle où elle enfermera ses œufs.

En montant aux vertébrés, on trouve aussitôt quelques exemples d'une sorte de monogamie : c'est quand le poisson mâle sert lui-même de couveuse à sa progéniture, soit qu'il la loge dans une poche spéciale, soit qu'il l'hospitalise héroïquement dans sa bouche. Cela est rare, puisque le plus souvent, chez les poissons, les sexes ne s'approchent pas, et même ne se connaissent pas. Les batraciens, au contraire, sont monogames ; la femelle ne pond que sous la pression du mâle et c'est une opération si lente, précédée de si longues manœuvres, que la saison entière y est occupée. Le mâle du crapaud commun s'enroule aux jambes, à mesure qu'il est dévidé, le long chapelet des œufs, et quand il est complet, il s'en va, le soir, déposer son fardeau dans la mare voisine. Les sauriens aussi semblent presque tous monogames. Le lézard avec sa lézarde forme un couple qui, dit-on, dure plusieurs années. Leurs amours sont ardentes ; ils se serrent étroitement ventre à ventre.

Les oiseaux sont généralement considérés comme monogames, sauf les gallinacés et les palmipèdes ; mais les exceptions apparaissent si nombreuses qu'il faudrait nommer les espèces une à une. La fidélité des pigeons est légendaire ; elle est peut-être une légende. Le pigeon mâle a en effet des tendances à l'infidélité et même à la polygamie. Il trompe sa compagne ; il va jusqu'à lui infliger la honte d'une concubine sous le toit conjugal ! Et ces deux épouses, il les tyrannise, il se les asservit en les battant. La pigeonne, il est vrai, n'est pas toujours d'humeur facile. Elle a ses caprices. Parfois, se refusant à son compagnon, elle déserte, va se livrer au premier venu. On ne trouvera ici aucune des anecdotes zoologiques sur l'industrie des oiseaux, leur union dans le dévouement à l'espèce. Les mœurs de ces nouveaux venus dans le monde sont très instables ; cependant, chez certains gallinacés, monogames par exception, comme les perdrix, les mâles semblent travaillés par des désirs contraires ; ils subissent le couple plutôt qu'ils ne le choisissent, et leur participation à l'élevage est souvent fort restreinte. On a même vu des mâles de perdrix rouges abandonner leur femelle après la pariade et se réunir en troupe séparée avec des mâles vagabonds. Un couple parfait, c'est celui du rossignol ; les deux parents couvent, chacun à leur tour. Le mâle, quand la femelle vient le relever, reste près d'elle et chante tant qu'elle repose sur les œufs. Plus dévoué encore est le talégalle mâle, sorte de dindon d'Australie. Il façonne le nid qui est un amas énorme de feuilles mortes, puis la femelle ayant pondu, il surveille les œufs, vient de temps en temps les découvrir pour les exposer au soleil. Il prend également soin des petits, qu'il abrite sous les feuilles jusqu'à ce qu'ils soient capables de voler.

Parmi les mammifères, les carnivores, les rongeurs pratiquent souvent une certaine monogamie, au moins temporaire. Les renards vivent en couples, s'occupent de l'éducation des renardeaux. On voit leurs vraies mœurs dans le vieux « *Roman du Renart* » : Renart vagabonde, cherchant proie et aubaines, cependant que dame Hermeline, sa femme, l'attend au logis, en son repaire de Maupertuis. La renarde apprend à ses enfants l'art de tuer et de dépecer ; leur apprentissage se fait sur le gibier encore vivant que le mâle pourvoyeur apporte à la maison. Le lapin est fort rude en amour ; le hamster, autre rongeur, devient souvent carnivore, durant la saison du rut ; on dit même qu'il dévore volontiers ses petits et que la femelle, craignant sa férocité, le quitte avant de mettre bas. Ces aberrations s'exagèrent en captivité et atteignent la femelle elle-même. On sait que la lapine dévore parfois sa progéniture ; cela arrive surtout lorsqu'on a l'imprudence de toucher ou même de regarder de trop près les lapereaux. Cela suffit pour amener une perturbation violente du sentiment maternel. On a observé la même démence chez une renarde qui avait mis bas en cage ; un jour quelqu'un passa, considéra les renardeaux ; un quart d'heure après, ils étaient étranglés.

On a donné de cette pratique, chez les lapines, diverses explications dont la plus simple en apparence est que la lapine tue ses petits, poussée par la soif, pour boire leur sang. C'est bien dantesque, pour des lapines. On dit aussi, et cela concerne alors les lapins sauvages et les lapins privés, que les femelles surprises tuent leurs petits, n'ayant point l'industrie, comme les hases, les chattes, les chiennes, de les transporter en un autre lieu, d'en sauver au moins un, pendu par la peau du cou. La troisième explication est que, dévorant leur arrière-faix, comme presque tous les mammifères, et cela par motif physiologique, sans doute, les lapines, mises en goût, continuent le repas et absorbent les lapereaux. Sans rejeter aucune de ces explications, on pourrait en présenter plusieurs autres. D'abord, il n'y a point que les femelles qui dévorent leurs petits ; les mâles y sont également enclins. Très lascif, le mâle lapin cherche à se débarrasser de sa progéniture, pour suspendre l'allaitement et chevaucher à nouveau la femelle. D'autre part, il est constant que la lapine mère, dès qu'elle a repris l'habitude du mâle, alors qu'elle allaite encore, cesse aussitôt de reconnaître ses petits, ses brèves idées tournées toutes vers la progéniture nouvelle, future. Des causes différentes peuvent engendrer des actes identiques, et des raisonnements divers aboutir aux mêmes conclusions. Il y a raisonnement dans ce cas du lapin ; or, il n'y a raisonnement que lorsqu'il y a erreur initiale, lorsqu'il y a trouble dans l'intellect. Ce trouble et le massacre final, voilà tout ce que l'on peut constater : le raisonnement échappe à notre analyse.

Le lapin est-il vraiment monogame ? Peut-être d'une monogamie saisonnière ou de nécessité. Le mâle, en tout cas, ne s'occupe nullement des petits, sinon pour les étrangler ; aussi la femelle, sitôt pleine, se réfugie-t-elle dans un terrier isolé. Leur accouplement, qui a surtout lieu vers le soir, se répète souvent jusqu'à cinq ou six fois par heure, la femelle s'accroupissant d'une façon singulière ; la disjonction est très brusque, le mâle se renversant de côté en jetant un petit cri. Ce qui fait douter de la monogamie réelle du lapin, c'est qu'un mâle suffit fort bien pour huit ou dix femelles, qu'ils sont très coureurs et se livrent entre eux à de meurtriers combats. Il faut sans doute distinguer selon les espèces. Buffon prétend que, dans un clapier, les plus vieux lapins ont autorité sur les jeunes. Un observateur des mœurs des lapins, M. Mariot-Didieux, admet ce trait de sociabilité supérieure chez les angoras, variété que Buffon avait précisément étudiée.

Les lapins sont encore sujets à d'autres aberrations : des chasseurs prétendent qu'ils poursuivent les hases, les fatiguent et les abîment par leur fougue libidineuse : il est toutefois certain que ces accouplements n'ont jamais donné aucun produit.

La mangouste d'Égypte vit en famille. Il est, paraît-il, fort curieux de les voir aller en maraude, le mâle d'abord, puis la femelle, puis les petits, à la file indienne. Femelle et petits ne quittent pas le père des yeux, imitant avec soin tous ses gestes : on dirait un gros serpent qui rampe sous les roseaux. Le loup, qui vit en couple, comme le renard, assiste sa femelle et la nourrit, mais il ne connaît pas ses petits et les dévore aussitôt, quand ils tombent sous sa patte. Certains grands singes, les gibbons, les orangs, sont temporairement monogames.

La polygamie s'expliquerait par la rareté des mâles ; ce n'est pas le cas pour les mammifères, où les mâles sont presque constamment plus nombreux. C'est Buffon qui, le premier, remarqua cette prédominance ; il n'en a pas donné, ni personne depuis, une explication satisfaisante. On a cru remarquer que, chez l'homme, du moins, c'est le géniteur le plus âgé qui donne son sexe et d'autant plus sûrement que la différence d'âge est plus grande ; mais, à ce compte, il ne devrait presque jamais naître que des mâles. On a dit aussi que plus la femme est jeune et plus elle enfante de mâles. Les mariages précoces d'autrefois auraient été producteurs de mâles plus que les mariages tardifs d'aujourd'hui. Rien de tout cela n'est sérieux. Ce qui reste hors de doute, c'est que l'humanité européenne, pour n'observer que celle-là, donne un surcroît de mâles. La proportion moyenne se tient aux environs de 105, avec les extrêmes de 101 en Russie et de 113 en Grèce, la moyenne française représentant assez exactement la moyenne générale. On n'arrive à distinguer dans ces variations ni l'influence de la race, ni celle du climat, ni celle du taux de la natalité, ni rien de particulièrement appréciable. Il naît plus d'hommes mâles, il naît aussi plus de moutons mâles : c'est un fait qui, étant constant, sera difficilement expliqué.

Donc, ici surabondance, là pénurie de mâles ; mais ni la surabondance ne détermine les mœurs, ni probablement la pénurie. Il y a si peu de mâles parmi les cousins que Fabre a été le premier à les reconnaître ; la proportion serait environ d'un mâle pour dix femelles. Cela n'engendre nullement la polygamie, attendu que ces bestioles périssent sitôt après la pariade. Sur dix femelles, il y en a neuf qui meurent vierges, et même sans avoir jamais vu de mâles, et même sans savoir qu'il existe des mâles : peut-être que le célibat augmente leur férocité, car ce sont elles, et elles seules, qui nous sucent le sang. On suppute également que les femelles araignées sont de dix à vingt fois plus nombreuses que les mâles : peut-être le mâle, qui a échappé aux mâchoires de sa compagne, a-t-il le courage d'aller risquer une seconde fois sa vie ? C'est possible, l'araignée survivant à ses amours et vivant même plusieurs années. La polygamie semble exister, dans sa forme la plus raffinée, chez une araignée, où les mâles sont particulièrement rares, la cténize. La femelle se creuse en terre un nid où le mâle descend ; il y séjourne quelque temps, puis s'en va, revient : il a plusieurs ménages entre lesquels il partage équitablement son temps.

La polygamie d'un curieux petit poisson, l'épinoche, est du même genre, quoique plus naïve. Le mâle avec des herbes construit un nid, puis il part, en quête d'une femelle, l'introduit, l'invite à pondre ; à peine sa première compagne s'est-elle éloignée qu'il en amène une autre. Il ne s'arrête que quand les œufs amoncelés font un suffisant trésor ; alors il les féconde selon le mode ordinaire. Ensuite, il garde le nid contre les malfaiteurs, surveille l'éclosion. Étrange renversement des rôles : ces petits connaissent leur père ; leur mère est peut-être cette passante qui joue entre deux eaux, ou celle-là qui fuit comme une ombre, ou cette autre qui mordille un brin d'herbe ? Quand le monde des épinoches sera raisonnable, c'est-à-dire absurde, il se livrera sans doute à la recherche de la maternité ? « Pourquoi, demanderont leurs philosophes, le père aurait-il seul la charge d'élever ses enfants ? Jusqu'ici on n'en sait rien, sinon qu'il les élève avec amour et avec joie. Il n'y a point à de telles questions, chez les épinoches ou chez les hommes, d'autres réponses que celles que donnent les faits. On pourrait demander aussi pourquoi l'humanité n'est pas hermaphrodite, à la manière des escargots, ce qui répartirait strictement les plaisirs et les charges de l'amour, car tous les escargots coïtent et tous les escargots pondent. Mais pourquoi la femelle a-t-elle les ovaires et le mâle, les testicules ; pourquoi cette fleur, les pistils et cette autre, les étamines ? On arrive à l'enfantillage. Il ne faut pas vouloir corriger la nature. Il est déjà si difficile de la comprendre un peu, telle qu'elle est ! Quand elle veut établir la responsabilité absolue du père, elle établit le couple strict, et surtout la polygamie absolue. Le pigeon n'est déjà plus certain d'être le père de ses enfants ; le coq ne saurait en douter, seul mâle entre toutes les femelles. Mais la nature n'a pas d'intentions secondes ; elle veille à ce que, temporaires ou durables, fugitifs ou permanents, les couples soient féconds : et c'est tout.

Les gallinacés et les palmipèdes renferment quelques-uns des oiseaux qui nous sont le plus connus et le plus utiles. Presque tous sont polygames. Le coq a besoin d'environ une douzaine de poules ; il peut en servir un bien plus grand nombre, mais son ardeur finit alors par l'épuiser. Le canard, fort lascif, est accusé de sodomie. Non seulement il est polygame, mais tout lui est bon. Il serait plutôt un exemple naturel de promiscuité. Un jars suffit à dix ou douze femelles ; le faisan, à huit ou dix. Il en faut bien davantage au tétras lyrure ; il mène après lui un harem de sultan. Dès l'aube, en la saison des amours, le mâle se met à siffler avec un bruit comme celui de l'acier sur la meule ; en même temps, il dresse et ouvre l'éventail de sa queue, écarte et gonfle ses ailes. Quand le soleil se lève, il rejoint ses femelles, danse devant elles, cependant qu'elles le boivent des yeux, puis les coche, selon son caprice, avec une grande vivacité.

La polygamie est la règle parmi les herbivores ; taureaux, boucs, étalons, bisons sont faits pour régner sur un troupeau de femelles. La domesticité change leur polygamie permanente en polygamie successive. Les cerfs vont de femelle en femelle sans s'attacher à aucune ; les biches suivent cet exemple. Une espèce immédiatement voisine donne au contraire l'exemple du couple. Le chevreuil et la chevrette vivent en famille, élevant leurs petits jusqu'à l'âge de l'amour. Il faut au mâle de certaine antilope d'Asie, plus de cent femelles dociles. Ces harems ne peuvent naturellement se former que par la destruction des autres mâles. Cent femelles, cela représente peut-être plus de cent mâles mis hors de combat, les mâles étant toujours en plus grand nombre parmi les mammifères. L'utilité de telles hécatombes n'est pas certaine pour la race. Sans doute, on peut supposer que le mâle roi est le plus fort ou l'un des plus forts de sa génération, et il y a là un élément heureux ; mais quelle que soit sa vigueur, elle doit, à un moment donné, fléchir devant cent femelles à satisfaire. Certaines femelles sont oubliées ; d'autres sont fécondées en des moments de fatigue : pour quelques bons produits, il y a un grand nombre de créations médiocres. Il est vrai qu'elles sont destinées, si ce sont des mâles, à périr dans les combats futurs ; mais si ce sont des femelles, et si elles reçoivent les faveurs du maître, ce système peut avoir pour conséquence une dégradation progressive de l'espèce. Il est probable, cependant, que l'équilibre nécessaire se rétablit ; des combats entre les femelles, combats de coquetterie, d'agaceries, de féminité, s'établissent sans doute : et c'est le triomphe final du mâle le plus mâle et des femelles les plus femelles.

Virey, dans le « *Nouveau dictionnaire d'histoire naturelle* », de Déterville, a prétendu que les grands singes polygames s'entendent fort bien avec les femmes indigènes. C'est possible, mais aucun produit n'est jamais né de ces aberrations, qu'il faut laisser dans le chapitre théologique de la bestialité. Les hommes et les femmes, même de race aryenne, ont tenu à prouver quelquefois, par la singularité de leurs goûts, l'animalité foncière de l'espèce humaine. Cela est d'un intérêt surtout psychologique, et si l'on ne peut tirer aucun argument, pour l'évolution, des rapports fortuits entre une femme et un chien, entre un homme et une chèvre, l'accouplement entre primates d'ordres différents ne prouvera pas davantage. Il y a cependant un rapport entre les hommes et les singes ; c'est qu'ils se divisent les uns les autres en polygames et en monogames, au moins temporaires ; mais cela ne les différencie pas de la plupart des autres familles animales.

Dans la plupart des espèces humaines, il y a une polygamie foncière, dissimulée sous une monogamie d'apparence. Ici, les généralisations ne sont plus possibles ; l'individu surgit qui, avec sa fantaisie, fausse toutes les observations et annihile toutes les statistiques. Celui-ci est monogame ; son frère est polygame. Cette femme n'a connu qu'un seul homme, et sa mère appartenait à tous. On peut constater l'usage universel du mariage et en conclure à la monogamie ; cela sera vrai ou cela sera faux, selon l'époque, le milieu, la race, les tendances morales du moment. La morale est essentiellement instable, puisqu'elle ne représente qu'une sorte de manuel idéal du bonheur ; comme cet idéal, la morale se modifie.

Physiologiquement, la monogamie n'est aucunement requise par les conditions normales de vie humaine. Les enfants ? Mais si l'assistance du père est nécessaire, elle peut s'exercer sur les enfants de plusieurs femmes aussi bien que sur les enfants d'une seule femme. La durée de l'élevage chez les civilisés est d'ailleurs excessive ; elle se prolonge, quand il s'agit de certaines carrières, jusqu'au voisinage de l'âge mûr. Normalement, la puberté devrait libérer le petit de l'homme, comme elle libère le petit des autres mammifères. Le couple pourrait alors n'avoir qu'une durée de dix à quinze ans ; mais la fécondité de la femme accumule les enfants à un an d'intervalle, si bien que, tant que dure la virilité du père, il y a au moins un être faible en droit d'exiger sa protection. La polygamie humaine ne pourrait donc que par exception être successive, si l'homme était un animal obéissant, soumis aux règles sexuelles normales, et toujours fécond ; mais, en fait, elle est fréquente et le divorce l'a légalisée. L'autre et vraie polygamie, la polygamie actuelle, temporaire ou permanente, est moins rare encore chez les peuples de civilisation européenne, mais presque toujours secrète et jamais légale ; elle a pour corollaire une polyandrie exercée dans les mêmes conditions. Cette sorte de polygamie, fort différente de celle des Mormons et des Turcs, des gallinacés et des antilopes, n'est pas non plus la promiscuité. Elle ne dissout pas le couple, elle en diminue la tyrannie, le rend plus désirable Rien ne favorise le mariage, et, par suite, la stabilité sociale, comme l'indulgence en fait de polygamie temporaire. Les Romains l'avaient bien compris, qui légalisèrent le concubinat. On ne peut traiter ici une question qui s'éloigne trop des questions naturelles. Pour résumer d'un mot la réponse que l'on voudrait y faire, on dirait que l'homme, et principalement l'homme civilisé, est voué au couple, mais qu'il ne le supporte qu'à condition d'en sortir et d'y rentrer à son gré. Cette solution semble concilier ses goûts contradictoires ; plus élégante que celle que donne, ou que ne donne pas le divorce, toujours à recommencer, elle est conforme non seulement aux tendances humaines, mais aussi aux tendances animales. Elle est doublement favorable à l'espèce en assurant à la fois l'élevage convenable des enfants et la satisfaction entière d'un besoin qui, dans l'état de civilisation, ne se sépare ni du plaisir esthétique, ni du plaisir sentimental.

---

1. On croit cependant que le mâle de la chauve-souris allaite l'un des deux petits que produit régulièrement le couple. Mais ces animaux sont si particuliers, si hétéroclites, que cet exemple s'il est authentique, ne serait pas un argument décisif.

Chapitre 17

L'AMOUR CHEZ LES ANIMAUX SOCIAUX

Organisation de la reproduction chez les hyménoptères.—Les abeilles.—Noces de la reine.—La mère abeille, cause et conscience de la ruche.—Royauté sexuelle.—Les limites de l'intelligence chez les abeilles.—Logique naturelle et logique humaine.—Les guêpes. —Les bourdons.—Les fourmis.—Notes sur leurs mœurs.—État très avancé de leur civilisation.—L'esclavage et le parasitisme chez les fourmis.—Les termites.—Les neuf principales formes actives des termites.— Ancienneté de leur civilisation.—Les castors.—Tendance des animaux industrieux à l'inactivité.

Les hyménoptères sociaux, bourdons, frelons, guêpes, abeilles, ont, en amour, des mœurs particulières, très différentes de celles des autres espèces animales. Ce n'est pas la monogamie, puisqu'on n'y rencontre rien qui ressemble à un couple ; ni la polygamie, puisque les mâles ne connaissent qu'une fois la femelle, quand cela leur arrive, et puisque les femelles sont fécondées pour toute leur vie par un seul accouplement. C'est plutôt une sorte de matriarcat, encore que l'abeille, par exemple, ne soit généralement la mère que d'une partie de la ruche dont elle est la souveraine, l'autre partie provenant de la reine qui s'est éloignée avec le nouvel essaim, ou de celle qui est restée dans la ruche primitive. Il y a environ, dans les essaims très fournis, six ou sept cent mâles peur une femelle. La copulation a lieu dans les airs, comme pour les fourmis ; elle n'est possible qu'après qu'un long vol a empli d'air des poches qui font saillir l'organe du mâle. D'entre ces poches, ou vessies aérifères, en formes de cornes perforées, sort le pénis, qui est un petit corps blanc, charnu et recourbé à la pointe. Dans le vagin, qui est rond, large et court s'ouvre la poche à sperme, réservoir qui peut contenir, dit-on, une vingtaine de millions de spermatozoïdes, destinés à féconder les œufs, pendant plusieurs années, au fur et à mesure de la ponte. La forme du pénis et la manière dont le sperme s'agglutine, par un liquide visqueux, en véritable spermatophore, causent la mort du mâle. La pariade achevée, il veut se dégager et n'y réussit qu'en laissant dans le vagin non seulement son pénis, mais tous les organes qui en dépendent. Il tombe comme un sac vide, cependant que la reine, revenue à la ruche, se pose à l'entrée, fait sa toilette, aidée par les ouvrières, qui s'empressent : doucement, de ses mandibules, elle arrache l'épine restée à son ventre, nettoie la place, avec un soin lustral. Ensuite, elle entre dans la seconde période de sa vie, la maternité. Ce pénis, qui reste enfoncé dans le vagin après la copulation, fait songer au dard des combattantes qui demeure, lui aussi, dans la blessure qu'il a faite : qu'il s'agisse d'amour ou de guerre, la trop courageuse bestiole doit expirer, épuisée et mutilée ; il y a là une facilité particulière de déhiscence qui semble fort rare.

Les noces de la reine abeille sont restées longtemps absolument mystérieuses et, encore aujourd'hui, il n'y a qu'un très petit nombre d'observateurs qui en aient été les témoins lointains. Réaumur, ayant isolé une reine et un mâle, assista à un jeu ou à un combat, à des mouvements qu'il interpréta ingénieusement. Il ne put voir le véritable coït, qui n'a jamais lieu que dans les airs. Son récit, que rien depuis n'a confirmé, est singulier. Il nous montre la reine s'approchant d'un mâle, le léchant avec sa trompe, lui présentant du miel, le flattant avec ses pattes, tournant autour de lui, enfin, irritée de la froideur de l'amant, montant sur son dos, appliquant sa vulve sur l'organe du mâle qu'il décrit assez bien et qu'il montre tout baigné d'une liqueur blanche et visqueuse [1]. Les préludes véritables, à l'état de liberté, du moins, contredisent le grand observateur. La femelle ne semble nullement agressive. Voici les trois récits authentiques que j'ai pu découvrir :

« Le 6 juillet 1849, M. Hannemann, apiculteur à Wurtemburg, en Thuringe, était assis près de mon rucher, lorsque son attention fut éveillée par un bourdonnement inaccoutumé. Soudain il vit trente à quarante bourdons [2] poursuivant rapidement une mère, à la hauteur de vingt à trente pieds. Le groupe occupait un espace apparent de deux pieds de diamètre. Quelquefois, dans leur course, ils descendaient à dix pieds de terre, puis se relevaient, allant du nord au midi... Il put les suivre environ cent pas, après quoi un bâtiment les lui fit perdre de vue. Le groupe de bourdons figurait une sorte de cône dont la mère était le sommet, puis ce cône s'élargit en un globe dont elle était le centre ; à ce moment, la mère réussit à se dégager et elle pointa en l'air, toujours suivie par les bourdons, qui avaient, en dessous d'elle, reformé le cône [3]. »

Quelques années plus tard, le Rév. Millette, à Witemarsh, observa la phase finale de l'acte. Pendant la mise en ruche, il aperçut au vol une des mères qui, l'instant d'après, était arrêtée par un bourdon. Après avoir volé l'espace d'une verge, ils tombèrent ensemble à terre, accrochés l'un à l'autre. Il s'approcha et les captura tous les deux, au moment même où le bourdon s'était délivré de l'étreinte, et les porta à sa maison, où il les mit en liberté dans une pièce close. La mère, fâchée, vola vers la fenêtre ; le bourdon, après s'être traîné un instant sur la main ouverte, tomba à terre et mourut. Tous les deux, mâle et femelle, avaient à la pointe de l'abdomen des gouttes d'une liqueur blanche comme du lait ; en pressant le bourdon, on vit qu'il était dépouillé de ses organes génitaux [4].

Ayant vu sortir la mère, M. Carrey ferma l'entrée de la ruche. Pendant son absence, qui dura un quart d'heure, trois faux-bourdons vinrent devant l'entrée et, la trouvant close, se tinrent au vol. Lorsque la mère, étant de retour, ne fut qu'à trois pieds de la ruche, l'un des bourdons vola très rapidement vers elle, lui jetant les pattes autour du corps. Ils s'arrêtèrent et se posèrent sur un long brin d'herbe. À ce moment, une explosion se fit distinctement entendre, et ils furent séparés. Le bourdon tomba à terre tout à fait mort et l'abdomen fortement contracté. Après avoir décrit quelques circuits en l'air, la mère rentra à la ruche [5].

Sauf en ce qui concerne l'explosion finale, ces trois récits concordent assez bien, donnant une idée exacte d'une des pariades les plus difficiles à observer.

C'est d'ailleurs là le seul point encore à demi obscur de la vie des abeilles. On sait tout le reste, leurs trois sexes, rigoureusement spécialisés, l'industrie précise des cirières, la diligence des cueilleuses, le sens politique de ces extraordinaires amazones, leurs initiatives, quand la ruche est trop dense, pour la formation de nouveaux essaims, les duels des reines où le peuple s'interpose, le massacre des mâles dès qu'ils sont inutiles, l'art des nourrices à transformer une larve vulgaire en larve de reine, l'activité méthodique de ces républiques où toutes les volontés réunies en une seule conscience n'ont d'autre but que le salut commun et la conservation de la race.

Ce sont cependant ces vertus, trop mécaniques, qui font l'infériorité de l'abeille ; les ouvrières sont extrêmement laborieuses et sages, mais elles manquent même de cette légère personnalité qui caractérise les insectes sexués. La reine, beaucoup moins raisonnable, est plus vivante ; elle est capable de jalousie, de fureur, de désespoir, quand elle sent sa royauté menacée par la nouvelle reine que les nourrices ont élevée en secret. Les mâles inutiles, bruyants, pillards, parasites, tout enivrés du sperme vain qui les gonfle, ont également quelque chose de plus séduisant que les honnêtes travailleuses, plus jolis, d'ailleurs, plus forts et aussi plus fuselés, plus élégants. Les amateurs des abeilles, généralement, méprisent ces mousquetaires ; ce sont eux cependant qui incarnent l'animalité, c'est-à-dire la beauté de l'espèce. S'il est vrai, comme le croit M. Maeterlinck [6], que c'est le plus vigoureux des sept ou huit cents mâles qui finit par séduire la reine vierge, leur oisiveté, leur gourmandise, leur tournoiement étourdi deviennent autant de vertus.

Il semble bien que les reines, et même les ouvrières, puissent sans fécondation préalable pondre des œufs donnant des mâles ; mais pour avoir des femelles et des reines, il faut la copulation : or, comme les reines seules peuvent recevoir le mâle, une ruche sans reine est une ruche perdue. Ceci est le point de vue pratique ; le point de vue sexuel conduit à des réflexions différentes. Une femelle peut, toute seule, donner naissance à un mâle, mais pour que l'œuf produise une femelle, il faut qu'il soit fécondé par ce mâle né spontanément ; on assiste là à une véritable extériorisation de l'organe mâle, à une segmentation de la puissance génitale en deux forces, la force mâle, la force femelle. Ainsi désunie, elle acquiert une faculté nouvelle qui se déploiera pleinement par la réintégration en une force unique des deux moitiés de la force initiale. Mais pourquoi les ovules parthénogénétiques donnent-ils nécessairement des mâles, chez les abeilles, et des femelles, chez les pucerons ? C'est à quoi il est tout à fait impossible de répondre. On voit seulement que la parthénogenèse est toujours transitoire et qu'après tel nombre de générations virginales la fécondation normale intervient toujours.

On ne peut pas dire que la mère abeille soit une véritable reine, un véritable chef, mais elle est le personnage important de la ruche, celui sans lequel la vie s'arrête. Les ouvrières ont l'air d'être les maîtresses ; en réalité, leur centre nerveux est la reine ; elles n'agissent que pour elle, que par elle. Sa disparition affole la ruche et la pousse à des tentatives absurdes, comme la transformation en pondeuse d'une nourrice qui ne donnera que des produits d'un seul sexe, des bouches inutiles. C'est en réfléchissant sur ce dernier expédient que l'on peut mesurer toute l'importance du sexe, comprendre l'absolu de sa royauté. Le sexe est roi, et il n'est de royauté que sexuelle. La neutralisation des ouvrières, qui les met en dehors de la norme, si elle est une cause d'ordre dans la ruche, est surtout une cause de mort. Il n'y a d'êtres vivants que ceux qui peuvent perpétuer la vie.

L'intérêt qu'offrent les abeilles est très grand ; il ne surpasse pas celui que l'on peut trouver dans l'observation de la plupart des hyménoptères, sociaux ou solitaires, ou de certains névroptères, tels que les termites ou encore des castors, ou de beaucoup d'oiseaux. Mais les abeilles ont été, durant des siècles, nos producteurs de sucre, et les seuls ; de là, la tendresse de l'homme pour des insectes précieux entre tous. Leur intelligence est assez développée, mais elle montre vite ses bornes. On a prétendu qu'elles connaissent leur maître ; c'est une erreur manifeste. Les relations des abeilles et de l'homme sont purement humaines. Il est évident qu'elles ignorent aussi absolument l'homme que tous les autres insectes, que tous les autres invertébrés. Elles se laissent exploiter, dans le sens de leur instinct, jusqu'aux limites de la famine et de l'épuisement musculaire. Le mot de Virgile est excessivement vrai, dans tous les sens où on voudra le prendre : *Sic vos non vobis mellificatis apes*. Ces êtres si fins, si spirituels, se laissent prendre aux grossiers simulacres inventés par notre ruse industrielle. Quand ils ont rempli de miel, provisions d'hiver, leurs rayons de cire, on enlève ces rayons, on les remplace par des alvéoles en papier verni : et les graves abeilles, tout à coup amnésiées, se mettent à ignorer leurs longs travaux ; devant ces rayons vierges, elles n'ont qu'une idée, les remplir. Elles se remettent au travail avec un entrain qui, chez tout autre homme qu'un apiculteur, excite une véritable pitié. Ces méchants ont inventé la ruche à rayons mobiles. Les abeilles n'en sauront jamais rien. Les abeilles sont stupides.

Mais nous, qui voyons les limites de l'intelligence chez les abeilles, nous devons considérer celles de notre propre intelligence. Elle a les siennes ; il est possible de concevoir des cerveaux qui, nous ayant observés, pourraient dire aussi : les hommes sont stupides. Toute intelligence est limitée : c'est même ce heurt contre les limites, contre le mur, qui, par la douleur qu'il cause, engendre la conscience. Ne rions pas trop des abeilles qui garnissent joyeusement les rayons mobiles de leurs ruches perfectionnées. Nous sommes peut-être les esclaves d'un maître qui nous exploite et que nous ne connaîtrons jamais.

La polygamie, ou, si l'on veut, la polyandrie des abeilles, prétexte de cette digression, est donc purement virtuelle ; elle est à l'état de possibilité, mais elle ne se réalise jamais, puisque la fécondité de la reine est assurée par un acte unique. La multiplicité excessive des mâles répond sans doute à un ordre ancien où les femelles étaient plus nombreuses. En tout cas, que sur près d'un millier de mâles il n'y en ait jamais que deux ou trois d'utilisés, dix si l'on veut, en supposant des essaimages très fréquents, cela démontre bien qu'il ne faut pas préjuger des mœurs d'une espèce animale par la surabondance de l'un ou de l'autre sexe, et, d'une façon générale, qu'il ne faut pas subordonner la logique naturelle à notre logique humaine, dérivée de la logique mathématique. Les faits, dans la nature, s'enchaînent selon mille nœuds dont pas un seul n'est démêlable par le raisonnement humain. Quand l'un de ces enchevêtrements se dénoue sous nos yeux, nous admirons la simplicité de son mécanisme, nous croyons comprendre, nous généralisons, nous nous préparons à ouvrir avec cette clef les prochains mystères : illusion ! C'est toujours à recommencer. Et voilà pourquoi les sciences d'observation deviennent toujours plus obscures à mesure qu'on pénètre plus avant dans le labyrinthe de la vie.

Il n'y a rien chez les guêpes, les frelons, qui ressemble à de la polygamie, même en puissance. Une femelle fécondée ayant passé l'hiver construit elle-même, au printemps, les premières assises du nid, puis pond des œufs, dont il naît des individus asexués ; ces ouvrières assument alors toute la besogne matérielle, achèvent le nid, surveillent les larves que la femelle continue de mettre au jour. Ce sont maintenant des mâles et des femelles ; l'accouplement s'étant produit, les mâles meurent, puis les ouvrières, les femelles s'engourdissent : celles qui auront survécu fonderont autant de tribus nouvelles.

La génération des bourdons est plus curieuse, la différenciation des castes plus compliquée. Il y a chez eux des mâles, des ouvrières, des petites femelles, des grandes femelles. Une grande femelle, ayant passé l'hiver, fonde un nid dans la terre, souvent parmi la mousse (il y a une variété appelée bourdon des mousses), construit une alvéole en cire, pond. De ces premiers œufs, il sort des ouvrières qui, comme chez les guêpes, construisent le nid définitif, butinent, fabriquent le miel et, plus laborieuses encore que les abeilles, qui craignent singulièrement l'humidité, courent encore la campagne longtemps après la chute du jour. Après les ouvrières, ce sont les petites femelles qui viennent au monde ; elles n'ont d'autre fonction que de pondre, sans avoir été fécondées, des œufs dont il naîtra des mâles. En même temps, la reine produit des grandes femelles qui s'accouplent aussitôt avec les mâles. Puis toute la colonie meurt, comme chez les guêpes, à l'exception des grandes femelles fécondées, par lesquelles, au printemps suivant, ce cycle compliqué recommencera.

Chez les fourmis, les castes sont au nombre de trois, de quatre, si l'on admet la division des neutres en ouvrières et en soldats, comme chez les termites. Ici, de même que chez les abeilles, les neutres sont la base de la république, les mâles mourant après la pariade, les femelles après la ponte. « Il y a, dit M. Janet [7], des ouvrières tellement différentes des autres par le développement de leurs mandibules et le volume de leur tête, qu'on les a distinguées sous le nom de soldats, nom qui est en rapport avec le rôle défensif qu'elles remplissent dans la colonie. » Ces soldats sont aussi bouchers, dépècent les proies trop grosses ou dangereuses. La spécialisation est la seule supériorité des neutres, qui pour le reste semblent inférieures aux femelles et aux mâles, pour la taille, la musculature, les organes visuels. Les femelles sont parfois presque moitié plus grosses que les neutres ; les mâles ont un volume intermédiaire. Les fourmis manifestent une intelligence bien supérieure à celle des abeilles. Il semble vraiment que, devant ce petit peuple, on touche à l'humanité. Songez que les fourmis ont des esclaves et des animaux domestiques. Les pucerons d'abord, ceux qui vivent sur les racines et, au besoin, ceux du rosier, qu'elles vont traire et qui se laissent faire, soumis par une longue hérédité. *Aphis formicarum vacca*, dit brièvement Linné. Mais des troupeaux épars dans les prairies ne leur suffisent pas, elles entretiennent dans l'intérieur même de leurs fourmilières des colonies de pucerons esclaves et de staphylins domestiques. Les staphylins sont de petits coléoptères à abdomen mobile ; une de leurs espèces ne se rencontre que chez les fourmis. Ils sont domestiqués au point de ne plus savoir se nourrir eux-mêmes : les fourmis leur dégorgent dans la bouche la nourriture qui leur est nécessaire. En retour, les staphylins fournissent à leurs maîtres un régal analogue à celui qu'ils tirent des pucerons : du bouquet de poils qui se dresse à la base de leur abdomen semble suinter une liqueur délectable ; du moins voit-on les fourmis sucer ces poils avec beaucoup d'avidité. L'animal se laisse faire. Il est si bien chez lui, dans les fourmilières, que le même observateur [8] les a vus promener sans crainte leur accouplement parmi le peuple affairé, le mâle juché sur le dos de la femelle, solidement cramponné à la touffe mellifère, délices des fourmis !

On sait que les fourmis rousses font la guerre aux fourmis noires et volent leurs nymphes, lesquelles, écloses en captivité, leur fournissent d'excellents domestiques, attentifs et obéissants. L'humanité blanche, elle aussi, s'est trouvée, à un moment de son histoire, devant une pareille occasion ; mais, moins avisée que les fourmis rousses, elle l'a laissée fuir, par sentimentalisme, trahissant ainsi sa destinée, renonçant, sous l'inspiration chrétienne, au développement complet et logique de sa civilisation. N'est-il pas amusant que l'on nous présente comme anti-naturel ce fait, l'esclavage, qui est au contraire à l'état normal et excessivement naturel chez le plus intelligent des animaux ? Et dans un ordre d'idées en rapport plus direct avec le sujet de ce livre, la neutralisation d'une partie du peuple en castes vouées à la continence, si c'est également une tentative antinaturelle, comment se fait-il que les hyménoptères sociaux, fourmis, abeilles, bourdons, et des névroptères, les termites, l'aient menée à bien et en aient fait le fondement de leur état social ? Rien de pareil, sans doute, ne s'est jamais montré chez les mammifères ; mais les mammifères, hormis l'homme, ce monstre, et y compris les castors, sont infiniment inférieurs aux insectes. Si les mœurs des oiseaux sociaux (car il y en a de tels) étaient mieux connues, on y trouverait peut-être des pratiques analogues, la coopération sexuelle de tous les membres d'un peuple étant inutile à la conservation de la race ; d'autre part, les espèces inférieures, voisines d'une espèce supérieure, étant logiquement appelées à disparaître, l'esclavage est excellent pour elles, qui assure leur perpétuité et la sorte d'évolution qui convient le mieux à leur faiblesse.

Une petite fourmi brune, l'*anergates*, n'a pas d'ouvrières ; pour vivre, la tribu s'établit en parasite dans une fourmilière où elle se fait servir par les travailleuses d'une autre espèce. Quelle ingéniosité chez les sexués, quelle docilité chez, les asexués. Les fourmis ouvrières sont bien nettement les femelles dégénérées, chez qui la sensibilité sexuelle s'est transformée tout entière en sensibilité maternelle. On observe d'ailleurs, en beaucoup d'espèces, un type intermédiaire, la femelle-ouvrière, qui donne la clef de cette évolution. Il faut noter aussi qu'après leur fécondation, toutes les femelles ne rentrent pas dans la cité ; où elles sont tombées, elles construisent, comme les mères bourdons, un nid provisoire, agissant alors comme ouvrières, en attendant la première ponte, qui produira exclusivement des ouvrières réelles et permettra la constitution normale de la nouvelle fourmilière.

Il y a chez les fourmis, comme chez les papillons, des hermaphrodites selon la ligne médiane, ou parfois selon une ligne oblique ; cela donne des êtres absurdes, moitié l'un, moitié l'autre, ou des singularités de cette sorte : une femelle à tête d'ouvrière et faisant fonction d'ouvrière [9].

La polygamie par massacre des mâles, comme chez les herbivores, chez les gallinacés, semble un acheminement vers une répartition des sexes plus logique, plus économique. Si les antilopes se perpétuent fort bien avec un seul mâle pour une centaine de femelles, n'est-ce pas une indication qu'une partie au moins des mâles sacrifiés aurait pu ne pas naître ? Et ne vaudrait-il pas mieux, dans l'intérêt des antilopes, qu'une partie de ces mâles, s'ils doivent continuer à naître, fussent normalement asexués, comme il arrive pour les mâles termites, et chargés de quelque besogne sociale ?

L'organisation des termites est très belle ; elle peut terminer cette brève, revue des sociétés animales établies sur la neutralisation des sexes. On a déjà noté, aux chapitres du dimorphisme, la diversité de leurs formes sexuelles, correspondant à quatre castes bien distinctes. L'examen minutieux d'une de leurs républiques permet d'affirmer des différenciations bien plus nombreuses, chacune des castes principales passant par des formes larvaires et nymphales actives, des formes adolescentes, comme en présentent d'ailleurs la plupart des névroptères, telles les libellules. En tenant compte de toutes les nuances, on peut observer dans un état (c'est le mot usité) de termites une quinzaine de formes différentes, toutes assez bien caractérisées. Les principales sont : 1° les ouvrières ; 2° les soldats ; 3° les petits mâles ; 4° les petites femelles ; 5° les grands mâles ; 6° les grandes femelles ; 7° les nymphes à petits étuis ; 8° les nymphes à longs étuis ; 9° les larves. Quand on attaque une termitière, les soldats arrivent à la brèche, fort menaçants, singuliers avec leurs corps tout en tête, tout en mandibules. L'ennemi en déroute, les ouvrières viennent réparer les dégâts. Il y a parfois plusieurs femelles pondeuses ; parfois, il n'y a qu'un mâle : la copulation a toujours lieu en dehors du nid et, comme chez les fourmis, les mâles périssent, cependant que les femelles fécondées deviennent l'origine d'un nouvel état. Les expéditions des termites voyageurs, communs ainsi que le termite belliqueux dans l'Afrique du Sud, sont naturellement dirigées par les soldats. Sparmann [10] les a observés pendant son voyage au Cap, et les a vus à peu près comme des sous-officiers en serre-file, en grimpant à la pointe des feuilles pour surveiller le défilé, battant des pieds si l'ordre était mauvais ou trop lent, signal immédiatement compris et auquel le peuple, tout en obéissant aussitôt, répondait par un sifflement. Il y a là quelque chose de si merveilleux qu'on hésite à suivre entièrement l'interprétation du voyageur. Ce n'est plus, en effet, la discipline spontanée et mécanique des fourmis ; ce serait l'obéissance consentie, si difficile à obtenir des humanités inférieures. Après tout, rien n'est impossible et il faut, en ces matières, sans être crédule, ne s'étonner de rien. Les névroptères sont d'ailleurs extrêmement anciens sur la terre ; ils datent d'avant la houille : leur civilisation est de quelques milliers de siècles plus vieille que les civilisations humaines.

Les castors sont les seuls mammifères, l'homme excepté, dont l'industrie signale une intelligence voisine de celle des insectes. Leurs sociétés cependant n'offrent aucune complication, simple assemblage des couples. Ils attendent pour construire leurs digues que les femelles aient mis bas, ce qui arrive vers la fin de juillet ; on ne voit pas d'autres rapports entre leurs mœurs sexuelles et leurs travaux merveilleux.

Ces arbres énormes abattus, couchés à l'endroit voulu, ces pilotis enfoncés dans le sol du fleuve et reliés entre eux par des branchages tordus, ces digues imperméables, toute cette besogne dure et compliquée, le castor ne l'accepte que poussé par la nécessité. Il lui faut un lac artificiel à niveau constant ; s'il le rencontre, créé par la nature, il se borne à édifier ses habituelles huttes. Ainsi les osmies, les chalicodomes, ou les xylocopes, — ou l'homme, si un nid tout préparé leur échoit, se hâtent d'en profiter. L'instinct de construction n'est nullement aveugle ; c'est une faculté qui ne sera employée, très souvent, qu'à la dernière extrémité : l'habitant actuel du bassin de la Loire arrange encore des cavernes à usage de maisons ; l'abeille profite, à son dam, mais elle n'en sait rien, des rayons tout faits qu'on lui glisse dans sa niche.

Le castor du Rhône, l'homme ayant pris soin de lui construire des barrages excellents, s'est reposé depuis. Le palais des contes de fées qu'un coup de baguette fait surgir au cœur de la forêt, tel est bien l'idéal humain et l'idéal animal.

Il faut clore ici ces observations sur les sociétés naturelles, en faisant remarquer que si elles sont aujourd'hui basées sur tout autre chose que la polygamie, il semble bien qu'elles furent à l'origine des sociétés ou de polygamie, ou de communisme sexuel. Si l'on part du communisme, on le verra très bien évoluer soit vers le couple, soit vers la polygamie, s'il s'agit des mammifères ; soit vers la neutralisation sexuelle, s'il s'agit des insectes. Le couple, la polygamie, la neutralisation, ce sont des méthodes ; le communisme sexuel n'est pas une méthode, et c'est pourquoi il faut le considérer tel que le chaos d'où l'ordre peu à peu est sorti.

---

1. *Mémoires*, tome V.
2. Faux-bourdons, abeilles mâles.
3. *Bienenzeitung* (*Gazette des Abeilles*), Janvier 1850.

4. *Fariner and Gardener*, 1859.
5. *Copulation de l'abeille mère*, dans *l'Apiculteur*, 6e année, 1862.
6. *La Vie des Abeilles*.
7. Recherches sur l'anatomie de la fourmi.
8. Muller, traduit par Brullé, dans le *Dictionnaire d'Histoire naturelle de Guérin*, au mot *Pselaphiens*.
9.
10. Cité dans le *Dictionnaire d'histoire naturelle*, de Guérin.

Chapitre 18

LA QUESTION DES ABERRATIONS

Deux sortes d'aberrations sexuelles.—Les aberrations sexuelles des animaux.—Celles des hommes.—Le croisement des espèces.—La chasteté.—La pudeur.—Variétés et localisations de la pudeur sexuelle.—Création artificielle de la pudeur.—Sorte de pudeur naturelle à toutes les femelles.—La cruauté.—Tableau de carnage.—Le grillon dévoré vivant.—Mœurs des carabes.—Tout être vivant est proie.—Nécessité de tuer ou d'être tué.

Les aberrations sexuelles sont de deux sortes. La cause de l'erreur est interne, ou elle est externe. La fleur de l'*arum muscivorum* (gouet gobe-mouche) attire par son odeur cadavéreuse les mouches en quête de chairs corrompues pour y déposer leurs œufs. Schopenhauer a appuyé sur ce fait (ou sur un fait analogue) une théorie, très juste mais un peu sommaire, de l'aberration à cause extérieure. L'aberration à cause intérieure trouvera parfois son explication en ceci, que ce sont les mêmes artères qui irriguent, les mêmes nerfs qui animent la région sacrée, tant antérieure que postérieure ; les trois canaux excréteurs sont d'ailleurs toujours voisins et parfois communs, au moins pour une partie de leur trajet. On a parlé sérieusement de la sodomie du canard, mais l'anatomie refuse de comprendre. Qu'un canard hante son pareil ou une cane, il s'adresse, ici et là, à un orifice unique, porte unique d'un vestibule où débouchent toutes les excrétions. Sans doute ce canard est aberré, et, plus encore, son complice, mais la nature mérite aussi quelques reproches. En général, les aberrations animales demandent des explications toutes simples. Il y a un désir ardent, un besoin très pressant ; s'il n'est satisfait, une inquiétude, qui peut aller jusqu'à une sorte de folie momentanée, s'empare de l'animal, le jette, aveugle, sur toutes sortes d'illusions. Cela peut aller, sans aucun doute, jusqu'à l'hallucination. Il y a aussi un besoin purement musculaire d'esquisser tout au moins l'acte sexuel, soit passif, soit actif ; on voit même, par un singulier renversement, les vaches en chaleur monter les unes sur les autres, soient qu'elles aient l'idée de provoquer ainsi le mâle, soit que la représentation visuelle qu'elles se font de l'acte désiré les force à en essayer la simulation : c'est un exemple merveilleux, parce qu'il est absurde, de la force motrice des images.

Il y a deux parts dans l'acte sexuel, la part de l'espèce et la part de l'individu ; mais la part de l'espèce ne lui est donnée qu'au moyen de l'individu. Relativement au mâle en rut, il s'agit d'un besoin pur et simple, naturel. Il faut qu'il vide ses canaux spermatiques : faute de femelles, les cerfs, dit-on, frottent leur verge contre les arbres afin de provoquer l'éjaculation. Les chiennes chaudes se grattent la vulve sur le sol. Tels sont les rudiments de l'onanisme, porté tout d'un coup par les primates à un si haut degré de perfection. On a vu des mâles cantharides, eux-mêmes chevauchés, chevaucher d'autres mâles ; l'argule, petit crustacé parasite des poissons d'eau douce, est si ardent qu'il s'adresse souvent à d'autres mâles, ou à des femelles pleines et même mortes. De la bête microscopique à l'homme, l'aberration est partout ; mais il faut plutôt l'appeler, au moins chez les animaux, impatience. Les animaux ne sont aucunement de pures machines ; ils sont, aussi bien que l'homme, capables d'imagination ; ils rêvent, ils ont des illusions, ils subissent des désirs dont la source est dans le mouvement intérieur de leur organisme. La vue, l'odeur d'une femelle surexcite le mâle ; mais, loin de toute femelle, la logique du mouvement vital suffit parfaitement à les mettre en état de rut ; il en est absolument de même pour les femelles. Si l'état de rut, si la sensibilisation des parties génitales s'établit loin du sexe nécessaire, voilà une cause naturelle d'aberration, car il faut user cette sensibilité spéciale : le premier simulacre venu, ou même le premier obstacle propice sera l'adversaire contre lequel l'animal exaspéré exercera cette puissance dont il est tourmenté.

On peut appliquer à l'homme les principes généraux de cette psychologie, mais à condition de ne pas oublier que, sa sensibilité génitale étant apte à se réveiller à tout moment, les causes d'aberration se multiplient pour lui à l'infini. Il y aurait très peu d'hommes et de femmes aberrés, si les habitudes morales permettaient la satisfaction toute simple des besoins sexuels, si les deux sexes avaient la possibilité de se joindre toujours au moment opportun. Il resterait les aberrations d'ordre anatomique ; elles seraient moins fréquentes et moins tyranniques si, au lieu de s'ingénier à rendre très difficiles les rapports sexuels, ils étaient favorisés par les mœurs. Mais cette aisance n'est possible que dans la promiscuité, qui est un mal peut-être pire que l'aberration. Ainsi, toutes les questions sont insolubles, et on ne peut perfectionner la nature qu'en la désorganisant. L'ordre humain est souvent un désordre pire que le désordre spontané, parce que c'est une finalité forcée et prématurée, une dérivation inopportune du fleuve vital.

Il est improbable que la sélection sexuelle soit un principe de variation ; son rôle est au contraire de maintenir l'espèce en l'état. Les causes de variation seront les changements dans le climat, la nature du sol, le milieu général, et aussi la maladie, les troubles de la circulation sanguine et nerveuse, peut-être certaines aberrations sexuelles. Peut-être, car les croisements entre individus d'espèces différentes vivant en liberté semblent difficiles, dès que l'espèce est réellement autre chose qu'une variété en évolution, une forme qui se cherche encore. À ce stade, tout est possible ; mais il s'agit des espèces. Les mulets, les bardeaux, les léporides sont des produits artificiels ; on n'en a jamais rencontré dans la nature libre. Il est fort difficile d'obtenir la pariade d'un lièvre et d'une lapine ; la lapine récalcitre et le lièvre marque peu d'enthousiasme. La jument, très souvent, refuse l'âne ; si elle tourne la tête au moment de la monte, il faut lui bander les yeux pour dompter son dégoût ; il en est de même de l'ânesse à qui l'on offre un étalon. Quant au produit du taureau et de la jument, le célèbre jumart, ce n'est qu'une chimère : il suffit de comparer la verge effilée du taureau à la verge massive du cheval pour se convaincre que deux instruments si différents ne peuvent se suppléer l'un l'autre. Cependant, il serait imprudent d'éliminer cette forme de l'aberration sexuelle d'entre les causes de la variabilité des espèces. C'est peut-être une de ses justifications.

De toutes les aberrations sexuelles, la plus singulière est peut-être encore la chasteté. Non qu'elle soit antinaturelle, rien n'est anti-naturel ; mais à cause des prétextes auxquels elle obéit. Les abeilles, les fourmis, les termites présentent des exemples de chasteté parfaite et en même temps de chasteté utilisée, de chasteté sociale. Involontaire et congénital, l'état neutre, chez les insectes, est un état de fait, équivalent à l'état sexuel et origine d'une activité caractérisée. Chez les hommes, c'est un état, souvent d'apparence ou transitoire, obtenu par la volonté ou exigé par la nécessité, état précaire, si difficile à maintenir qu'on a accumulé autour de lui toutes sortes de murailles morales et religieuses, et même réelles, faites de vraies pierres et de vrai mortier. La chasteté permanente et volontaire est presque toujours une pratique religieuse. Les hommes ont de tout temps été persuadés que la perfection de l'être ne s'obtient que par un tel renoncement. Cela paraît absurde ; c'est au contraire d'une logique très droite. Le seul moyen de ne pas être un animal est de s'abstenir de l'acte auquel se livrent nécessairement tous les animaux sans exception. C'est le même motif qui a fait imaginer l'abstinence, le jeûne ; mais comme on ne peut vivre sans manger, alors qu'on peut vivre sans faire l'amour, cette seconde méthode de perfectionnement est restée à l'état d'esquisse.

Il est vrai, l'ascétisme, dont l'homme seul est capable, est un des moyens qui peuvent nous élever au-dessus de l'animalité ; mais il ne suffit pas seul ; seul, il n'est bon à rien, peut-être qu'à exciter un orgueil stérile. Il faut y joindre l'exercice actif de l'intelligence. Reste à savoir si l'ascétisme, qui prive la sensibilité d'une de ses nourritures les plus saines et les plus excitantes, est favorable à l'exercice de l'intelligence. Comme il n'est nullement nécessaire de résoudre ici cette question, on ne dira rien de plus que ceci, provisoirement : il ne faut pas mépriser la chasteté, il ne faut pas dédaigner l'ascétisme.

La pudeur est-elle une aberration ? Des observateurs indulgents ont cru la constater chez les éléphants aussi bien que chez les lapins. La pudeur de l'éléphant est un axiome populaire, qui fait que les bonnes femmes reluquent avec componction, dans les cirques, la grosse bête qui se cache pour faire l'amour. Pendant l'accouplement, dit un célèbre éleveur de lapins [1], « le mâle et la femelle doivent être seuls, en demi-obscurité. Cette solitude et cette obscurité sont d'autant plus nécessaires que certaines femelles manifestent des signes de pudeur. » La pudeur des animaux est une rêverie. Comme la pudeur humaine, elle n'est que le masque de la peur, la cristallisation d'habitudes craintives, nécessitées par l'état inerme où se trouvent des animaux se livrant au coït. Cela est fort connu et n'exige plus aucune explication. Mais le besoin de la reproduction est si tyrannique qu'il ne laisse pas toujours même aux animaux les plus timides, la présence d'esprit de se cacher pour faire l'amour. Le plus domestiqué de nos animaux ne manifeste, à ce moment, ni peur ni pudeur, on ne le sait que trop.

Chez l'homme, chez le civilisé comme chez le non civilisé, la peur sexuelle, la pudeur, a pris mille formes dont la plupart ne semblent plus avoir aucun lien avec le sentiment originel dont elles sont dérivées. On constate d'ailleurs ceci, que si le milieu où se trouve le couple est tel qu'aucune attaque, aucune moquerie n'est à craindre, la pudeur disparaît en partie ou tout à fait selon le degré de sécurité et le degré d'excitation. Pour une foule populaire un soir de fête, il n'y a plus guère de pudeur que la pudeur légale ; l'exemple d'un couple plus hardi suffit, si aucune autorité n'est à redouter, pour libérer tous les appétits, et l'on voit clairement alors que l'homme, qui ne se cache plus pour manger, ne se cache pour faire l'amour que par soumission à l'usage.

De l'acte génital, la pudeur s'est étendue aux organes sexuels extérieurs, par un mécanisme très simple et très logique. Mais là, il faut distinguer, je pense, entre la pudeur génitale, née de l'habitude de vêtir le corps tout entier, et celle qui a porté les hommes à ne se couvrir qu'une région particulière. Le chaud, le froid, la pluie, les insectes expliquent le vêtement, mais non le pagne ou la feuille, surtout quand la feuille, imposée aux femmes mariées, par exemple, est défendue aux vierges, ou quand cette symbolique feuille est si réduite qu'elle ne sert à rien, qu'elle n'est plus qu'un signe. Dans ce dernier cas, elle n'a même peut-être aucune relation directe avec la pudeur génitale ; elle n'est plus qu'un ornement matrimonial, analogue à l'anneau ou au collier, un signe, en effet, et qui indique l'état. Il est possible aussi que, chez certaines peuplades où les hommes vont entièrement nus, les femmes ne portent un tablier que pour se préserver des mouches, des œstres ; à peu près comme le paysan drape d'herbes ou de feuilles le mufle de son cheval. Bien souvent, cependant, on est forcé de reconnaître, dans ces coutumes, la preuve d'une sensibilité génitale particulière, analogue à la pudeur des civilisés. Un matelot anglais, lors des premières explorations, se fit conspuer par des femmes maories, non parce qu'il se présentait nu, ce qui était, au contraire, exigé par la coutume, mais parce qu'il se présentait le gland découvert. Ce détail les choquait extrêmement. Exemple curieux de la localisation de la pudeur : toutes les parties du corps se pouvaient et se devaient montrer, toutes excepté cette petite surface. À bien réfléchir, la pudeur des Européennes, au bal ou à la plage, est à peu près aussi saugrenue que celle des Maories, ou que celle des fellahines qui, à la survenue d'un étranger, relèvent leur chemise, unique vêtement, pour s'en couvrir la face !

La pudeur sexuelle, telle qu'on l'observe aujourd'hui chez les peuples les plus variés, est tout à fait artificielle. Livingstone assure avoir développé la pudeur chez des petites filles cafres en les habillant. Surprises en négligé, elles se couvraient les seins, et cela dans une race où la femme va entièrement nue, sauf un fil à la ceinture, d'où pend un autre fil. Mais le vêtement n'est qu'une des causes de la pudeur ou des habitudes qui nous en donnent l'illusion, et le sentiment de crainte associé à l'acte sexuel n'explique pas tout le reste. Il y a une pudeur particulière à la femelle, un ensemble de mouvements de recul qu'on ne peut assimiler à rien, rattacher à rien. Le geste de la Vénus pudique n'est pas un geste purement féminin ; presque toutes les femelles, et surtout mammifères, le possèdent : la femelle qui se refuse rabat sa queue et la serre entre ses jambes ; il y a évidemment là l'origine de l'une des formes particulières de la pudeur. On en a donné dans un précédent chapitre des exemples caractéristiques.

L'homme est insaisissable, le moindre de ses sentiments habituels a des racines multiples et souvent contradictoires dans une sensibilité variable et toujours excessive. Il est le moins pondéré et le moins raisonnable de tous les animaux, quoique le seul qui ait pu se faire une idée de la raison ; c'est un animal fou, c'est-à-dire qui se répand de tous les côtés, qui démêle tout en théorie et dans la pratique emmêle tout, qui désire et veut tant de choses, qui jette ses muscles à tant d'activités diverses que ses actes sont à la fois les plus sensés et les plus absurdes, les plus conformes et les plus opposés au développement logique de la vie. Mais il tire parti même de l'erreur, surtout de l'erreur, fatale à tous les animaux, et c'est là son originalité, comme l'a vu Pascal, comme l'a répété Nietzsche.

Si le mot pudeur n'est pas exact, appliqué aux animaux, bien que l'on trouve dans leurs mœurs la lointaine origine de ce sentiment complexe et raffiné, le mot cruauté, quand il s'agit des actes naturels de défense ou de nutrition, ne l'est pas davantage. La cruauté humaine est souvent une aberration ; la cruauté des bêtes est une nécessité, un fait normal, souvent la condition même de leur existence. Un philosophe anarchiste, disciple attardé et naïf de Jean-Jacques, a cru démêlée dans la nature un altruisme universel ; il a refait avec d'autres paroles, un autre esprit, et quelques exemples nouveaux, les livres enfantins de Bernardin de Saint-Pierre, et abusé, sous prétexte d'incliner les hommes à la bonté, du droit que l'on a de se promener dans la nature sans la voir et sans la comprendre. La nature n'est ni bonne, ni mauvaise, ni altruiste, ni égoïste ; elle est un ensemble de forces dont aucune ne cède que sous une pesée supérieure. Sa conscience est celle d'une balance ; étant d'une indifférence parfaite, elle est d'une équité absolue. Mais la sensibilité d'une balance est d'un ordre unique ; la sensibilité de la nature est infinie à toutes les actions et à toutes les réactions. Que le fort mange le faible ou que le faible mange le fort, il n'y a compensation que dans notre illusion humaine : en réalité, une vie s'est agrandie aux dépens d'une autre vie et, dans un cas comme dans l'autre, l'énergie totale n'a été ni diminuée ni augmentée. Il n'y a ni forts ni faibles : il y a un niveau qui tend à rester constant. Notre sentimentalisme nous fait percevoir des drames là où il ne se passe rien de plus troublant que des faits généraux de nutrition. Cependant, on peut les regarder, ces faits, d'un peu plus près ; et alors la parité des organismes animaux et de l'organisme humain nous portera à qualifier de cruels certains actes qui, œuvre d'un homme, mériteraient précisément ce nom. Mais s'il faut dire cruauté pour se comprendre soi-même, il faut aussi se souvenir que cette cruauté est inconsciente, qu'elle n'est pas sentie par l'animal dévorant, qu'aucun élément de méchanceté n'entre dans son acte, et que l'homme, d'ailleurs, ce juge, ne se prive nullement de manger des bêtes vivantes quand elles sont meilleures crues que cuites et vivantes que mortes.

Un philanthe, sorte de guêpe, happe une abeille pour nourrir ses larves ; tout en la transportant vers son nid, il lui presse le ventre, la suce, la vide de tout son miel. Mais, à l'entrée du nid, une mante fait le guet, son bras à double scie se déclenche : le philanthe est saisi au passage. Et l'on voit ceci : la mante rongeant le ventre du philanthe, cependant qu'il continue de lécher le ventre de l'abeille. Et la mante est si vorace qu'on la couperait en deux sans lui faire lâcher prise : quelle chaîne de carnages !

Les larves du sphex, autre guêpe, sont nourries de grillons vivants, réduits par une piqûre à l'immobilité. Sitôt éclose, la larve attaque le grillon sur le ventre duquel, à une place choisie, l'œuf a été pondu. Le pauvre insecte paralysé proteste par de faibles remuements d'antennes, de mandibules : en vain ; il est dévoré vivant, fibre à fibre, par un gros ver qui lui ronge les entrailles, avec assez d'habileté pour ne toucher d'abord qu'aux parties non essentielles à la vie et conserver sa proie jusqu'à la fin fraîche et savoureuse. Telle est la mansuétude de la nature, cette bonne mère.

Les carabes sont de beaux coléoptères, violets, pourpres, dorés. Ils ne se nourrissent que de proies vivantes, qu'ils mangent lentement, s'attaquant d'abord au ventre, s'enfonçant peu à peu dans la cavité palpitante. Les hélices, les limaces sont ainsi dépecées par des bandes de carabes qui les fouillent et les déchirent au milieu d'un bouillonnement de salive.

Tout n'est, dans la nature, que vol et assassinat. Ce sont les actes normaux. Les espèces herbivores seules sont innocentes, peut-être par imbécillité ; toujours occupées à manger, leur nourriture étant peu substantielle, elles n'ont pas le temps de développer leurs forces : ce sont des proies inévitables, une sorte d'herbe supérieure qui sera broutée à la première occasion. Mais les carnivores sont parfaitement dévorés à leur tour par leurs commensaux plus robustes ou plus adroits. Très peu de bêtes meurent de leur belle mort. Les géotrupes, scarabées nécrophores, leur besogne finie et la ponte achevée, se dévorent les uns les autres, pour passer le temps, peut-être, pour atteindre plus gaiement leur minute dernière. Les animaux ne sont que de deux sortes, chasseurs et gibier, mais il n'est guère de chasseur qui ne soit gibier à son heure. On ne voit pas chez les animaux cette invention purement humaine, l'élevage pour la boucherie ou, ce qui est plus extraordinaire, pour la chasse. Les fourmis savent traire les pucerons, leurs vaches, ou les staphylins, leurs chèvres ; elles ne savent pas les engraisser et les égorger.

Cent autres traits de cruauté animale sont épars dans ce volume. On en recueillerait beaucoup d'autres, et cela pourrait former un ouvrage édifiant, par ce temps de sentimentalisme. Non pas qu'on voulût, bien au contraire, les donner à l'homme comme autant d'exemples ; mais cela pourrait tout de même nous apprendre que le premier devoir d'un être vivant est de vivre et que toute vie n'est pas autre chose qu'une somme suffisante de meurtres. Hommes ou tigres, sphex ou carabes sont soumis à la même nécessité : ou tuer ou mourir, ou verser le sang ou manger de l'herbe. Mais manger de l'herbe, autant se suicider : demandez aux moutons.

---

1. Mariot-Didieux, Guide pratique de l'éducateur de lapins. (Bibliothèque des professions industrielles et agricoles, série H, n° 17.)

Chapitre 19

L'INSTINCT

L'instinct.—Si on peut l'opposer à l'intelligence.—L'instinct chez l'homme.—Primordialité de l'intelligence.—Rôle conservateur de l'instinct.—Rôle modificateur de l'intelligence.—L'intelligence et la conscience.—Parité de l'instinct chez les animaux et chez l'homme.—Caractère mécanique de l'acte instinctif.—L'instinct modifié par l'intelligence.—l'habitude du travail créant le travail inutile.—Objections à l'identification de l'instinct et de l'intelligence tirées de la vie des insectes.

La question de l'instinct est peut-être la plus énervante qui soit. Les esprits simples la voient résolue quand ils ont opposé à ce mot l'autre mot : intelligence. C'est la position élémentaire du problème, et rien de plus. Non seulement cela n'explique rien, mais cela s'oppose même à toute explication. Si l'instinct et l'intelligence ne sont pas des phénomènes du même ordre, réductibles l'un à l'autre, le problème est insoluble et nous ne saurons jamais ni ce que c'est que l'instinct, ni ce que c'est que l'intelligence.

Dans cette opposition vulgaire, on sous-entend assez naïvement que les animaux sont tout instinct et l'homme tout intelligence. Cette erreur, purement de rhétorique, a jusqu'ici empêché, non la solution du problème, qui semble fort lointaine, mais son exposé scientifique. Il ne comporte que deux formules : Ou bien l'instinct est une fructification de l'intelligence ; ou bien l'intelligence est un accroissement de l'instinct. Il faut choisir et savoir qu'en choisissant on fait, selon les cas, de l'instinct ou de l'intelligence, la graine ou la fleur d'une même plante : la sensibilité.

On établirait d'abord qu'entre l'homme et les animaux il n'y a, pour les manifestations de l'instinct et pour celles de l'intelligence, aucune différence essentielle. La vie de tous les hommes, non moins que la vie de tous les animaux, est bâtie sur l'instinct ; et il n'est, sans doute, aucun animal qui ne puisse donner des signes de spontanéité, c'est-à-dire d'intelligence. L'instinct semble antérieur parce que, dans tous les animaux, l'homme excepté, la quantité et surtout la qualité des faits instinctifs surpasse de beaucoup la valeur et le nombre des faits intellectuels. C'est exact, mais en admettant cette hiérarchie, si on explique, assez difficilement, la formation de l'intelligence chez l'homme et chez les animaux qui en manifestent des lueurs plus ou moins perceptibles, on renonce, par cela même, à toute tentative ultérieure qui puisse donner quelques notions sur la formation de l'instinct. Si c'est mécaniquement que l'abeille construit ses rayons, si cet acte est aussi nécessaire que l'évaporation de l'eau refroidie, inutile d'aller plus loin : on est en présence d'un fait qui ne donnera jamais rien de plus.

Si, au contraire, on considère l'intelligence comme antérieure, le champ d'investigation s'allonge à l'infini et, au lieu d'un problème radicalement insoluble, on en obtient cent mille et plus, autant que d'espèces animales, dont aucun n'est simple, mais dont aucun n'est absurde. Cette manière de voir entraîne, il est vrai, à de graves conséquences. Il faut alors regarder la matière comme une simple forme allotropique de l'intelligence ou, si l'on veut, tenir l'intelligence et la matière pour des équivalents, admettre que l'intelligence n'est que de la matière douée de sensibilité, et dont le pouvoir de se diversifier extrêmement trouve des limites infranchissables dans les formes mêmes qu'elle revêt. La preuve de ces limites, c'est l'instinct. Quand des actes sont devenus instinctifs, ils sont devenus invincibles.

Une espèce, c'est un groupe d'instincts, dont la tyrannie, un jour, deviendra sourde à toute tentative de mouvement. L'évolution est limitée par la résistance de ce qui est, luttant contre ce qui pourrait être. Vient un moment où une espèce est une masse trop lourde pour être remuée par l'intelligence : alors elle reste en place, et c'est la mort, mais compensée par la survenue permanente d'autres espèces, formes nouvelles revêtues par l'inépuisable Protée.

On n'ajoutera rien, ici, à cette théorie, si ce n'est quelques faits qui lui sont favorables et aussi quelques objections.

La vieille distinction de l'intelligence et de l'instinct, quoique fausse et superficielle, pourrait s'adapter aux vues que l'on vient de résumer. On attribuerait à l'instinct la série des actes conservateurs de l'état présent dans une espèce ; à l'intelligence, les actes qui peuvent tendre à modifier cet état. L'instinct serait l'esclavage, la sujétion à la coutume ; l'intelligence représenterait la liberté, c'est-à-dire le choix, les actes qui, tout en étant nécessaires, puisqu'ils sont, ont été déterminés par un ensemble de causes antérieures à celles qui régissent l'instinct. L'intelligence serait le fonds, la réserve, la source qui, après de longs creusements, vient sourdre entre les rochers. Dans tout ce que suggère l'intelligence, la conscience de l'espèce fait un départ ; ce qui est utile s'incorpore à l'instinct en l'agrandissant et en le diversifiant ; ce qui est inutile périt, — ou bien se met à fleurir en extravagances, comme chez l'homme, comme chez les oiseaux danseurs et jardiniers, ou ces pies qu'un joyau séduit, ces alouettes qu'un miroir attire ! On appellerait donc instinct la série des aptitudes utiles ; intelligence, la série des aptitudes de luxe : mais qu'est-ce que l'utile, qu'est-ce que l'inutile ? Qui osera taxer d'inutile cette modulation d'un oiseau, ce sourire d'une femme ? Il n'y aurait utilité et inutilité que s'il y avait aussi finalité. Mais la finalité ne peut être considérée comme un but ; elle n'est qu'un fait, et qui pourrait être différent.

Cette utilisation des termes anciens, si elle était possible, ne devrait jamais devenir le prétexte d'une nouvelle différenciation radicale entre l'instinct et l'intelligence ; on ne s'en servirait que pour définir par opposition deux états dont les manifestations présentent d'appréciables nuances. La grande objection à l'identification essentielle de l'instinct et de l'intelligence vient d'une habitude d'esprit que nous a longtemps imposée la philosophie spiritualiste : l'instinct serait inconscient et l'intelligence serait consciente. Mais l'analyse psychologique ne permet pas de lier rigoureusement à la conscience l'activité intellectuelle. Sans la conscience, tout se passerait peut-être, dans l'homme le plus réfléchi, exactement comme cela se passe sous l'œil paterne de la conscience. Selon la curieuse comparaison analogique de M. Ribot, la conscience, c'est la veilleuse interne qui éclaire un cadran ; elle a sur la marche de l'intelligence la même influence exactement, ni plus ni moins, que cette veilleuse sur la marche de l'horloge. Savoir si les animaux sont doués de conscience est assez difficile, et peut-être assez inutile, à moins que l'on n'admette que la lueur de cette veilleuse, par son rayonnement lumineux ou calorique, ne réagisse sur le mécanisme de la machine, comme l'enseigne M. Fouillée. En somme, la conscience, elle aussi, est un fait, et aucun fait ne meurt sans conséquences : il n'y a ni causes premières, ni causes dernières. En tout cas, on retiendra, parce que cela est évident, que, même si la conscience est un réactif possible, l'intelligence peut s'exercer sans elle : le plus conscient des hommes, encore, a des phases d'intellectualité inconsciente ; de longues séries d'actes raisonnables peuvent être perpétrés sans que leur reflet soit visible dans le miroir, sans que la veilleuse de l'horloge ait été allumée. Il ne semble pas, en somme, que de la matière nerveuse puisse exister sans intelligence ou sensibilité ; quant à la conscience, elle est un surcroît. Il n'y a donc pas lieu de tenir compte de la vieille objection scolastique contre l'identification de l'intelligence et de l'instinct.

Qu'y a-t-il de sérieux dans cette autre : que l'homme, s'il a eu jadis des instincts, les a perdus ?

L'animal qui a les plus riches instincts doit aussi être, ou avoir été, le plus riche en intelligence. Et réciproquement : l'activité intellectuelle suppose une activité instinctive très variée, soit dans le présent, soit dans l'avenir. Si l'homme n'avait pas d'instincts, il serait en train de se les créer. Il a des instincts nombreux et il s'en crée tous les jours de nouveaux : constamment, une partie de son intelligence se cristallise en actes instinctifs.

Mais si l'on considère les différents instincts qui se rencontrent chez les espèces animales, on n'en trouvera guère qui ne soient en même temps humains. Les grandes activités humaines sont instinctives. Sans doute, l'homme peut ne pas construire des palais ; mais il ne peut pas se dispenser d'une cabane, d'un nid dans une caverne ou sur la fourche d'un arbre : tels les grands singes, beaucoup de mammifères, les oiseaux, la plupart des insectes. Sa nourriture ne dépend que fort peu du choix ; il faut qu'elle contienne certains éléments indispensables : nécessité identique à celle qui régit les animaux et jusqu'aux plantes dont les racines plongent vers le suc désiré, dont les rameaux s'allongent en quête de la lumière. Le chant, la danse, la lutte, et, pour les groupes, la guerre, instincts humains, ne sont pas inconnus à tous les animaux. Le goût des choses brillantes, autre instinct humain, est assez fréquent chez les oiseaux ; il est vrai que les oiseaux n'en ont encore rien fait et que l'homme en a tiré tous les arts somptuaires. Reste l'amour : mais je pense que cet instinct suprême est la limite sacrée des objections.

Les actes utiles, habituellement répétés, peuvent devenir invincibles, tels de véritables mouvements instinctifs. Un chasseur [1] passant l'hiver dans une cabane isolée, au Canada, engage une femme indienne pour tenir son ménage. Elle arrive le soir, fait aussitôt fondre de la neige, commence à laver, remue tout, empêche tout sommeil. L'hôte se fâche.

Silence. Dès qu'il s'est endormi, la ménagère reprend son travail mécanique, et ainsi de suite, si bien que l'humble Indienne eut le dernier mot. Ici, exactement comme chez les insectes, on a l'exemple d'une besogne qui, dès qu'elle est commencée, doit aller jusqu'à son achèvement. L'insecte ne peut pas s'interrompre ; s'il y est obligé, par une cause extérieure, il reprend l'œuvre non pas au point où il la retrouve réellement, mais au point où il l'avait réellement laissée. Ainsi, on enlève tout entier le nid qu'une chalicodome était en train de maçonner sur un galet ; l'abeille revient, ne trouve rien, puisqu'il n'y a plus rien, mais, au lieu de recommencer son édification, la continue. Il ne restait plus qu'à fermer l'ouverture ; elle la ferme, c'est-à-dire qu'elle dépose, sur le dôme idéal d'un nid absent, la dernière bouchée de mortier : puis, l'instinct satisfait, sûre d'avoir assuré sa postérité, elle se retire, s'en va mourir. On obtient le même jeu mécanique avec le pélopée, avec d'autres constructeurs. Les chenilles processionnaires ont coutume de faire de longues courses à la file indienne sur les branches de leur pin natal, en quête de nourriture : qu'on les place sur le rebord d'une vasque, elles tourneront stupidement pendant plus de trente heures, sans que l'une d'elles ait jamais l'idée d'interrompre le cercle en inclinant sur la tangente. Elles mourront sur leur piste, fermes dans leur obéissance ; à mesure que l'une tombe, les rangs se resserrent, et c'est tout. Voilà les extrêmes de l'instinct et, à notre grande surprise, ils sont à peu près pareils chez une Indienne des grands lacs et chez la processionnaire du pin.

Mais que d'autres cas où l'instinct des animaux, s'unissant à l'intelligence libre, donne des exemples d'une sagacité humaine. Nous avons vu ces mêmes abeilles maçonnes et les xylocopes et les abeilles domestiques profiter avec empressement d'un nid tout fait, d'un trou préparé dans le bois, de rayons factices disposés pour recevoir le miel ; les osmies, qui pondent dans des tiges de ronces coupées, où elles organisent une série de chambrettes, se sont fort bien accommodées, chez M. J.-H. Fabre, de tubes de verre, ce qui a heureusement permis au grand observateur de pénétrer dans leur intimité. L'instinct est tour à tour bête comme une machine et intelligent comme un cerveau ; ces deux modes extrêmes doivent correspondre à des habitudes très anciennes et à des habitudes très récentes. Il est certain qu'il n'y a pas relativement longtemps que la serpe du paysan prépare à l'osmie des tiges tronçonnées de ronces. Avant cette époque, elle organisait son nid, comme elle le fait encore, dans des coquilles vides d'escargot ou dans quelque cavité naturelle. Elles sont très curieuses, ces osmies, abeilles solitaires extrêmement actives ; on les voit, ayant épuisé leurs ovaires, mais non leur force musculaire, construire des nids surérogatoires, les pourvoir de miel, les clore avec soin sans avoir pu y déposer aucun œuf ; elles les ferment même sans miel, si elles ne trouvent plus de fleurs, montrant ainsi une véritable frénésie de travail, une authentique manie analogue à celle qui pousse l'homme à déplacer des cailloux, à fumer, à boire, à marcher plutôt que de demeurer immobile [2]. Si l'osmie vivait plus longtemps, elle inventerait peut-être quelque jeu qui, d'abord vain, finirait, comme une quantité d'imaginations humaines, par devenir pour la race tout entière un besoin à la fois et un bienfait.

La théorie qui fait de l'instinct une cristallisation partielle de l'intelligence est extrêmement séduisante ; il faut, je pense, la tenir pour vraie. Cependant, la contemplation du monde des insectes fait surgir contre elle une objection énorme. M. Fabre l'a formulée dix fois, avec une ingéniosité toujours nouvelle, au cours de ses merveilleux récits. La voici : l'insecte, presque toujours, naît adulte, et après la mort de ses parents ; il n'a reçu d'eux, comme les petits des oiseaux ou des mammifères, ni l'éducation directe, ni l'éducation par l'exemple. Une poule apprend à ses poussins à picorer (il est vrai qu'elle n'apprend pas à ses canetons à barboter, et qu'ils font son désespoir, spectacle bien amusant), une osmie ne peut rien enseigner à ses enfants. Et cependant les osmies nouvelles feront exactement ce qu'ont fait les anciennes. L'insecte ouvre sa coque, se brosse les antennes, fait sa toilette, ouvre les ailes, s'envole pour la vie, se dirige sans hésitation vers la pâture qu'il lui faut, reconnaît et fuit les ennemis de sa race, fait l'amour, construit enfin un nid identique au berceau d'où il est sorti. On voit bien que les acquisitions de l'individu ont passé dans sa descendance, mais comment ? Car comment ont-elles pu se fixer dans les nerfs et dans le sang en quelques brèves journées de vie ? C'est sans aucun apprentissage que le sphex ; paralyse de trois coups de poignard, toujours infaillibles, le grillon qu'il destine à ses larves. Comment le sphex a-t-il appris cela, puisque, si le grillon est tué et non paralysé, les larves meurent empoisonnées par la pourriture, puisque, si la paralysie n'est pas durable, la victime se réveille et détruit le sphex dans l'œuf ? La manœuvre de cette guêpe, et de beaucoup d'autres hyménoptères tueurs, a ceci de fâcheux pour nos raisonnements, qu'elle doit être parfaite, sous peine de mort. Cependant, il faut bien admettre que le sphex s'est formé lentement, comme tous les animaux complexes, et que son génie n'est que la somme des acquisitions intellectuelles lentement cristallisées dans l'espèce. Quant au mécanisme de cette transformation de l'intelligence en instinct, il a pour moteur le principe d'utilité ; seuls deviennent des actes instinctifs les actes intelligents, utiles à la conservation de l'espèce.

La science de ces hyménoptères tueurs va si loin qu'elle devançait, encore hier, la science humaine. L'insecte s'attaque au système nerveux ; il sait que c'est là et non dans les membres que réside le principe du mouvement. Si le système nerveux est centralisé, comme chez les charançons, leur ennemi, le cercéris, ne donne qu'un coup de poignard ; si les mouvements dépendent de trois ganglions, il donne trois coups de poignard ; s'il y a neuf ganglions, il donne neuf coups de poignard : ainsi fait l'ammophile hérissée, quand elle a besoin pour ses larves de la chenille de la noctuelle, appelée communément ver gris ; si un coup d'aiguillon dans le ganglion cervical paraît trop dangereux, le chasseur se borne à le mâchonner doucement, pour amener le degré nécessaire d'immobilité. Il est assez singulier que les hyménoptères sociaux, qui savent faire tant de choses difficiles, ignorent la savante manœuvre du poignard. L'abeille pique au hasard, et si brutalement qu'elle se mutile elle-même en ne faisant souvent à son adversaire qu'une insignifiante blessure. La civilisation collective a diminué son génie individuel.

---

1. Voir Milton et Cheaddle, ouvr. cité.
2. Rapprocher de ces réflexions le mot précieux d'un garde-chasse : « Il faut connaître les habitudes des bêtes, même leurs manies, car elles en ont comme nous. » (Le Figaro, 31 août 1903.)

Chapitre 20

LA TYRANNIE DU SYSTÈME NERVEUX

Accord et désaccord entre les organes et les actes.—Les tarses du scarabée sacré.—La main de l'homme.—Adaptation médiocre des organes sexuels à la copulation.—Origine de la luxure.—L'animal est un système nerveux servi par des organes.—L'organe ne détermine pas l'aptitude.—La main de l'homme inférieure à son génie.—Substitution des sens l'un par l'autre.—Union et rôle des sens dans l'amour.—L'homme et l'animal sous la tyrannie du système nerveux.—Usure de l'humanité compensée par ses acquisitions.—Les héritiers de l'homme.

C'est une croyance universelle que la nature, ou Dieu, dans leur sagesse inconsciente ou providentielle, ont disposé les organes corporels selon la meilleure forme possible : perfection de l'œil, de la main, de la patte-mâchoire de la mante, des pièces sexuelles de l'homme, de l'oiseau ou du scarabée, des tarses fournisseurs des hyménoptères, de la queue du castor, des jarrets de la sauterelle, du tambour de la cigale. C'est quelquefois vrai et très souvent faux. Il arrive qu'une concordance exacte apparaisse entre l'organe et l'acte qu'il doit accomplir ; mais il arrive aussi, et ce n'est pas rare, que les organes ne semblent nullement avoir été faits pour l'office dont ils s'acquittent : la plupart, vraiment, sont des outils de fortune, avec quoi un être se tire comme il peut de la besogne qu'il veut, qu'il doit faire.

Les pattes antérieures des scarabées sont si peu destinées à modeler et à rouler des pelotes de bouse qu'à ce métier leurs tarses se sont usés, comme s'useraient peut-être des doigts humains condamnés à pétrir à cru la glaise et le mortier. En considérant le scarabée, il faut songer à cela, à une humanité sans doigts, les ayant perdus au travail par une longue et lente diminution des ongles, des os, des chairs. Le scarabée est un modeleur ; rien ne lui serait plus utile que des doigts ; au lieu de les perdre par l'usage, il aurait dû se les créer plus longs, plus résistants, plus souples. Il les a perdus et c'est avec des moignons qu'il tourne les boulettes qui seront sa nourriture ou celle de ses enfants. Cet insecte est donc condamné à une besogne qui lui devient de plus en plus difficile, à mesure que l'espèce vieillit. Il resterait à savoir si les ancêtres du scarabée sacré possédaient des tarses. Horus Appolo lui accorde autant de doigts que le mois a de jours, c'est-à-dire trente, ce qui correspond bien aux six pattes à cinq tarses du scarabée. S'il a bien observé, la question est résolue ; mais ce témoignage unique ne suffit pas, et d'ailleurs il est invraisemblable qu'une pareille usure soit l'ouvrage de si peu de siècles. Horus, et un savant comme Latreille s'y est laissé prendre lui-même, a été dupe de la symétrie ; s'il a regardé de près un scarabée, et s'il a vu les pattes antérieures dénuées de tarses, il a mis ce manquement sur le compte du hasard ou de l'accident. M. Fabre a, du moins, constaté un fait indiscutable, c'est que, pas plus à l'état de nymphe qu'à l'état adulte, le scarabée n'est, aux pattes antérieures, pourvu de tarses. S'il n'en a jamais eu, notre raisonnement tire de cette négation une nouvelle force : car alors, et moins que jamais, il n'est pas possible de trouver la moindre concordance logique entre les moignons de l'insecte et la besogne de modeleur et de tourneur à laquelle il est condamné par la nature.

Ce scarabée est un type auquel on peut rapporter un très grand nombre d'autres exemples ; les hyménoptères fouisseurs sont tout à fait dépourvus d'outils en rapport avec leurs travaux de carriers ou de puisatiers : aussi, leur œuvre terminée, la plupart de ces fragiles insectes sont-ils fort endommagés. On connaît les architectures des castors : qui oserait les attribuer, sans la certitude que nous a donnée l'observation, à ces gros rats.

Les philosophes du dix-huitième siècle se posaient cette question : l'homme est-il l'homme parce qu'il a des mains, ou bien a-t-il des mains parce qu'il est l'homme ? On peut répondre hardiment que les mains de l'homme, si merveilleuses qu'elles nous paraissent, n'ajoutent à peu près rien à son intelligence. On ne voit pas à quoi elles sont indispensables, sinon à jouer du piano. Ce qui constitue l'homme, c'est son intelligence, son système nerveux. L'organe extérieur est secondaire : n'importe quoi, bec, queue prenante, dents, trompe, pattes, eût fait l'office de mains. Il y a des nids d'oiseau que nulle habileté manuelle ne serait capable de tisser.

Pas plus que les organes de travail, les organes reproducteurs ne sont très bien adaptés à leur fin. Sans doute, ils l'atteignent, mais souvent au prix d'efforts qu'une meilleure disposition atténuerait ou ferait entièrement disparaître. Le mécanisme interne est ou semble merveilleux ; le mécanisme externe est rudimentaire et ne donne un résultat, dirait-on, que grâce à l'ingéniosité toujours renouvelée des couples. L'instinct, dans un de ses actes les plus nécessaires, est souvent mis à une dure épreuve. L'aventure plausible de Daphnis a dû se renouveler bien souvent, encore que la souplesse du corps humain se prête assez bien à l'accouplement ; mais qui n'a été surpris de voir un lourd taureau sauter gauchement sur la vache meuglante, replier le long de son dos ses jarrets inutiles, haleter, et ne réussir souvent que grâce aux bons offices d'un valet de ferme ? Chez les castors, dit A. de Quatrefages [1], l'orifice externe des organes de la génération s'ouvre dans un cloaque placé tellement sous la queue qu'on a peine à comprendre comment peut se faire l'accouplement.

Certaines pariades sont de véritables tours de force, et l'animal, que ce soit la scutellère, un tout petit insecte, ou l'éléphant, un colosse, est obligé à des positions tout à fait différentes de ses gestes normaux. La nature, qui veut fermement la perpétuité des espèces, n'en a pas encore trouvé le moyen unique et simple ; ou bien, l'ayant trouvé, le bourgeonnement, elle l'a délaissé pour adopter la diversité des organes, des moyens et des gestes.

Il n'est pas jusqu'à ceux de notre espèce, que l'homme, bien qu'ils lui soient chers, ne puisse critiquer ; il l'a fait ; sa critique a été de les diversifier encore, ce qui est une manière de simplifier la besogne fatale, en la rendant plus amène. Cette diversité, la morale l'a qualifiée du nom de luxure. C'est une péjoration qui pourrait s'appliquer aussi à l'exercice de nos autres sens. Tout n'est que luxure. Luxure, la variété des nourritures, leur cuisson, leur assaisonnement, la culture des espèces alimentaires ; luxure, les exercices de l'œil, la décoration, la toilette, la peinture ; luxure, la musique ; luxure, les exercices merveilleux de la main, si merveilleux que le produit direct de l'activité manuelle peut être singé par une machine, jamais égalé ; luxure, les fleurs, les parfums ; luxure, les voyages rapides, le goût des paysages ; luxure, tout art, toute science, toute civilisation ; luxure aussi, la diversité des gestes humains, car l'animal, dans sa vertueuse sobriété, n'a qu'un geste pour chaque sens, toujours le même ; et si ce geste change, ce qui est probable, mais lent et invisible, il n'y en a jamais qu'un. L'animal ignore la diversité, l'accumulation des aptitudes : l'homme seul est luxurieux. Il y a un principe que j'appellerai l'individualisme des espèces. Chaque espèce est un individu qui tire parti, de son mieux, pour ses fins utiles, des organes qui lui sont dévolus. Une espèce d'hyménoptères se sent-elle obligée, pour soustraire ses œufs à de nouveaux ennemis, de creuser la terre, elle se sert des outils qu'elle possède sans se soucier qu'ils aient ou non été disposés pour la fouille ; elle agit ainsi, pressée par la nécessité, comme, en temps d'inondation, l'homme grimpe aux arbres, comme il court sur les toits en cas d'incendie. Le besoin est indépendant de l'organe ; il le précède et ne le crée pas toujours. Dans l'acte sexuel, le besoin ordonne le geste : l'animal s'adapte à des positions qui lui sont étrangères et très difficiles. L'accouplement est presque toujours une grimace. On dirait que la nature a mis là l'organe mâle, ici l'organe femelle, et qu'elle a laissé à l'ingéniosité spécifique le soin d'en faire la jointure.

Il est permis, je pense, de conclure, de la médiocre adaptation des animaux au milieu et des organes aux actes, que ce n'est pas le milieu qui les façonne absolument, et que ce ne sont pas les organes qui gouvernent absolument les actes. On se sent alors incliné à reprendre la définition de l'homme donnée par Bonald, et même à la trouver admirable, juste, rigoureuse : Une intelligence servie par des organes. Non pas obéie, toujours ; servie, ce qui implique une imperfection, un désaccord entre l'ordre et l'accomplissement. Mais ce n'est pas seulement à l'homme que s'applique cette phrase, dont l'origine spiritualiste ne diminue nullement la valeur aphoristique ; elle qualifie tout animal. L'animal est un centre nerveux servi par les différents outils où viennent aboutir ses rameaux. Il commande et les outils obéissent, bons ou mauvais. S'ils étaient incapables de faire leur besogne, au moins dans sa partie essentielle, l'animal périrait. Il y a des formes de parasitisme qui semblent la conséquence d'un renoncement général des organes ; impuissant à entrer en relations directes avec le monde extérieur, desservi par la mollesse des muscles, le système nerveux dirige vers un havre, où il l'échoue, l'esquif dont il a le gouvernement.

M. Fabre dit, en pensant particulièrement aux insectes : « L'organe ne détermine pas l'aptitude. » Voilà qui confirme fort heureusement la manière de voir de Bonald. Jetée à la fin d'un chapitre, sans presque rien qui la justifie directement, cette affirmation n'en a que plus de valeur. C'est la conclusion, non d'une dissertation, mais d'une longue suite d'observations scientifiques.

Quant aux faits que l'on pourrait mettre dedans, et qui sont innombrables, on les classerait sous deux chefs : l'animal se sert comme il peut des organes qu'il possède ;-il ne s'en sert pas toujours. Le cerf-volant, le mieux armé de tous nos insectes, est inoffensif ; tel carabe, d'allure pacifique, est une redoutable bête de proie. À propos de la pilule où le scarabée enferme son œuf, de l'habileté avec laquelle elle est malaxée et feutrée, dans l'obscurité d'un trou, par l'insecte manchot, Fabre dit simplement : « L'idée me vient d'un éléphant qui voudrait faire de la dentelle. » Mais en quel insecte verrons-nous un parfait accord entre l'œuvre et l'organe ? Est-ce chez l'abeille ? Il n'y paraît guère. L'abeille se sert pour battre et modeler la cire, embouteiller le miel, des mêmes organes exactement que ses sœurs, ammophile, bembex, sphex, fourmi, chalicodome, utilisent pour creuser la terre, fouiller le sable, tracer des souterrains, maçonner des maisonnettes. La libellule ne fait rien des crochets qui rendent redoutable le termite, et elle rôde, paresseuse, cependant que, comme elle, névroptère et rien de plus, son frère industrieux élève des himalayas.

La courtilière est si bien organisée pour creuser le sol, avec ses jambes courtes, arquées, puissantes, qu'elle entamerait du grès : elle ne hante que la terre molle des jardins. L'antophore, au contraire, sans autres instruments que ses médiocres mandibules, ses pattes velues, force le ciment qui lie les pierres des murs, entame la terre durcie des talus, le long des routes.

Les insectes, d'ailleurs, comme les hommes, ne demandent qu'à ne rien faire et à laisser dormir leurs outils ; le xylocope, ce beau bourdon violet, qui doit creuser dans le bois, pour y pondre, une galerie longue comme deux fois la main, s'il trouve un trou convenable tout préparé, s'en empare et se borne aux menus travaux d'aménagement. En somme, les insectes sont presque rares qui, comme les mouches porte-scie (tenthrèdes), se servent d'un instrument précis pour un travail précis.

La main de l'homme, revenons-y encore, lui est utile parce qu'il est intelligent. En soi, la main n'est rien. À preuve les singes et les rongeurs qui n'en font rien, qui ne s'en servent que pour grimper aux arbres, s'épouiller, éplucher des noix. Nos cinq doigts, mais rien n'est plus répandu dans la nature, où ce n'est qu'un signe de vétusté : les sauriens les ont, et n'en sont pas plus malins.

C'est sans doigts, sans mains, sans membres, que des larves d'insectes se construisent de merveilleuses coques mosaïquées, se tissent des tentes en bourre de soie, exercent les métiers de plâtrier, de mineur, de charpentier. Mais cette main de l'homme, devenue la plus grande merveille du monde, voyez combien elle est inférieure à son génie et comment, pour obéir aux ordres toujours plus précis de son intelligence, il a dû l'allonger, l'affiner, la compliquer. Est-ce la main qui a créé les machines ? L'intelligence de l'homme dépasse immensément ses organes ; elle les submerge ; elle leur demande l'impossibilité et l'absurde : de là, les chemins de fer, le télégraphe, le microscope et tout ce qui multiplie la puissance d'organes devenus rudimentaires devant les exigences du cerveau, notre maître. Il a demandé aussi aux organes sexuels plus qu'ils ne pouvaient donner : et c'est pour les satisfaire que furent inventés ces gestes qui jettent sur le lit de l'amour tant de fleurs et tant de rêves.

Il est difficile de faire comprendre que l'œil voit, non parce qu'il est un œil, mais parce qu'il se trouve au bout des filets nerveux qui sont sensibles à la lumière. Au bout des filets qui perçoivent le son, il entendrait. Sans doute, il est adapté à sa fonction, comme l'oreille à la sienne, mais cette fonction est un effet et non une cause. Les yeux des insectes sont très différents des nôtres. On a parlé des expériences d'un savant allemand, qui prétend faire arriver les images visuelles au cerveau sans l'intermédiaire de l'œil. C'est suspect, mais non absurde : les insectes sont certainement doués de l'odorat, mais on n'a jamais pu, sur aucun d'eux, en découvrir l'organe ; et, d'autre part, le rôle des antennes, qui semble considérable dans leur vie, reste fort obscur, puisque l'ablation de ces appendices n'a pas toujours une influence mesurable sur leur activité [2].

Les organes les plus évidemment utiles sont quelquefois insérés dans une position qui diminue leur valeur. Voyez ce cheval au repos vers lequel, face à face, un autre cheval se dirige (les rues de Paris donnent facilement ce spectacle) ; comment va-t-il faire pour évaluer le danger, reconnaître le mouvement ? Va-t-il regarder ? Non. Ses yeux sont faits pour voir de côté, non en face. Il a recours à ses longues oreilles, les dresse, amène leur pavillon dans la direction du bruit. Rassuré, il les ramène, reprend son calme.

Le cheval regarde avec ses oreilles. Ses œillères, par quoi on prétend le forcer à regarder droit devant lui, ne servent qu'à le rendre quasi aveugle, ce qui diminue peut-être son impressionnabilité. Les chevaux réellement aveugles rendent d'ailleurs les mêmes services que les autres.

Les sens, comme on le sait, se substituent les uns aux autres, dans une certaine mesure ; mais, à l'état normal, ils semblent plutôt se renforcer mutuellement, se prêter un certain appui. On ne ferme les yeux, pour mieux entendre, que lorsqu'on est bien fixé sur la provenance du son. Et encore, est-ce vraiment pour mieux entendre ? N'est-ce pas plutôt pour réfléchir et entendre à la fois, pour opérer une concentration intérieure que la vue, organe essentiel de l'exploration, pourrait troubler ?

C'est dans l'amour que cette alliance de tous les sens s'exerce le plus intimement. Chez les animaux supérieurs, aussi bien que chez l'homme, ils viennent chacun, ensemble ou par groupe, renforcer le sens génital. Aucun ne reste inactif ; l'œil, l'ouïe, l'odorat, le tact, le goût même entrent en jeu. C'est ainsi que l'on explique l'éclat des plumages, la danse, le chant, les odeurs sexuelles. L'œil des femelles, chez les oiseaux, est plus sensible que celui du mâle ; c'est le contraire chez l'homme ; mais les femelles de l'oiseau et de l'homme sont particulièrement touchées par le chant ou par la parole. Les deux sexes du chien ont pareillement recours à l'odorat ; la vue ne semble jouer dans leurs accès sexuels qu'un rôle insignifiant, puisque de minuscules bêtes canines ne craignent pas de s'adresser à des monstres qui, pour un homme, dépasseraient la taille du mammouth. Souvent les insectes, avant la pariade, se caressent avec leurs mystérieuses antennes ; mais le mâle est parfois doté d'un appareil stridulant : le grillon et le mâle de la cigale tambourinent pour charmer leurs compagnes.

Il n'est pas nécessaire d'exposer comment chez l'homme, et surtout chez le mâle, tous les sens concourent à l'amour, à moins que les préjugés moraux ou religieux n'arrêtent leur élan. Il en devait être ainsi dans un animal aussi sensible, d'une sensibilité aussi complexe et aussi multipliée. L'abstention d'un seul des cinq sens dans l'accouplement humain suffit à en affaiblir singulièrement la volupté. La froideur de beaucoup de femmes doit provenir, moins d'une diminution de leur sens génital que de la médiocrité générale de leurs sens. L'intelligence n'étant que le fruit mûri de la sensibilité générale, il arrive très souvent qu'elle se trouve dans un certain rapport d'intensité avec la sensibilité sexuelle. Froideur absolue pourrait signifier stupidité. Il est cependant des exceptions, et trop nombreuses, pour que l'on puisse généraliser cet accord. Il arrive en effet que l'intelligence, au lieu d'être la somme de la sensibilité, en est, pour ainsi dire, la déviation ou la transmutation. Il n'y a plus que très peu de sensibilité ; elle est presque tout entière devenue intelligence.

Tout animal organisé a un maître, c'est son système nerveux ; et il n'y a sans doute de vie véritable que là où il y a un système nerveux, que ce soit l'arbre magnifique, infiniment ramifié, des mammifères et des oiseaux, la double corde à nœuds des mollusques, la tête de clou qui se plante, chez les ascidies, entre l'orifice buccal et l'orifice anal. Dès que cette matière nouvelle apparaît, elle règne despotiquement et l'imprévu fait son apparition dans le monde. On dirait un conquérant, ou plutôt un intrus, un parasite entré furtivement et qui s'est élevé au rôle de roi.

L'animal supporte mieux que l'homme cette tyrannie. Son maître lui demande moins de choses.

Souvent même, il ne lui en demande qu'une seule : créer un être à son exacte ressemblance. L'animal est sain, c'est-à-dire réglé ; l'homme est fou, c'est-à-dire déréglé : il a tant d'ordres à exécuter à la fois, qu'il n'en accomplit presque aucun parfaitement bien. Dans les pays à civilisation très complexe, il ne sait presque plus se reproduire et l'espèce périclite. Elle disparaîtrait, si les moyens de défense n'y compensaient la stérilité.

On ne peut pas dire que l'humanité ait atteint ses bornes intellectuelles, quoique son évolution physique semble accomplie ; mais comme les exemplaires humains supérieurs sont presque toujours stériles ou capables seulement d'une postérité médiocre, il se trouve que, seule entre les autres valeurs, l'intelligence ne se transmet pas par la génération. Alors le cercle se ferme et le même effort aboutit sans cesse au même recommencement. Cependant, là encore, des moyens artificiels interviennent, et la transmission des acquisitions de l'intelligence est relativement assurée par toutes sortes d'instruments. Ce mécanisme, bien inférieur à celui de la génération charnelle, permet du moins, si les formes les plus exquises de l'intelligence disparaissent à mesure qu'elles fleurissent, d'en conserver partiellement le contenu.

Les notions se transmettent, et c'est un résultat, quoique la plupart restent vaines, faute de sensibilités assez puissantes pour se les assimiler et en refaire de la véritable vie.

Enfin, si l'homme devait abdiquer, ce qui semble improbable, l'animalité est assez riche pour lui susciter un héritier. Les candidats à l'humanité sont en très grand nombre, et ce ne sont pas ceux auxquels penserait le vulgaire. Qui sait si nos descendants, quelque jour, ne se trouveront pas en face d'un rival, fort de toute sa jeunesse ? La création n'a pas chômé, depuis que l'homme a surgi ; depuis ce monstre, la nature a continué son labeur : le hasard humain peut se reproduire demain.

---

1. Dictionnaire d'histoire naturelle de d'Orbigny.
2. Expériences de J. H. Fabre sur les abeilles maçonnes, l'ammophile hérissée, le grand paon.

BIBLIOGRAPHIE DES PRINCIPAUX OUVRAGES CONSULTÉS

Annales des sciences naturelles (zoologie) ; Paris, 1824-1902.

L'Apiculture, *Journal des cultivateurs d'abeilles*, année 1862.

O. Beccari, *Les Cabanes et les Jardins de l'Amblyornis* ; Annales du Musée d'histoire naturelle de Gênes, 1876.

Bienenzeitung (Gazette des Abeilles), janvier 1850.

E. Blanchard, *Métamorphoses, mœurs et instinct des insectes* ; 2e éd. ; Paris, 1877, gr. in-8.

Bonnet, *Considérations sur les corps organisés* ; Amsterdam, 1776, 2 vol. in-8.

Brehm, *Les Mammifères* ; — *Les Oiseaux* ; — *Les Reptiles et les Batraciens* ; — *Les Poissons et les Crustacés* ; — *Les Insectes, les Myriapodes et les Arachnides* ; — *Les Echinodermes, les Zoophytes et les Protozoaires* (ouvrage traduit de l'allemand sous le titre de Merveilles de la Nature) ; Paris, 1869-1885, 9 vol. gr. in-8.

J. Chatin, *Organes de nutrition et de reproduction chez les vertébrés ;-Chez les invertébrés* ; Paris, 1900, 2 vol. in-12.

Darwin, *La Descendance de l'homme et la sélection sexuelle* ; Paris, s. d., in-8.

De Paw, *Recherches philosophiques sur les Américains* ; Berlin, 1768.

D'Orbigny, *Dictionnaire universel d'histoire naturelle* ; Paris, 1839-1849, 24 vol. in-8.

J.-H. Fabre, *Souvenirs entomologiques. Etudes sur l'instinct et les mœurs des insectes* ; Paris, s. d. (le tome VIII est de 1903), 8 vol. in-8.

Farmer and Gardener, année 1859.

F.-C. Forberg, *Antonii Panormitae Hermaphroditus ; primus in Germania edidit et Apophoreta adjecit F. C. Forbergius* ; Cobourg, 1824, in-8. (Réimprimé sous le titre de Figuræ veneris.)

A. Forel, *Les Fourmis de la Suisse* ; Zurich, 1874, in-8.

A. Forel, *Les Facultés psychiques des insectes* ; Revue générale des sciences, 15 février 1902.

Guérin, *Dictionnaire pittoresque d'histoire naturelle* ; Paris, 1833-1839, 9 vol. in-4°.

Huber, *Recherches sur les fourmis indigènes* ; Genève, 1810, in-8.

Dr Issaurat, *Le Sinus uro-génital, son développement, ses anomalies* ; Paris, 1888, in-8.

Janet, *Recherches sur l'anatomie de la fourmi* ; Paris, 1900, in-8.

L. Laloy, *Les Cirripèdes, leur évolution sexuelle* ; Revue scientifique, 21 mars 1903.

F. Le Dantec, *La Sexualité* ; Paris, s. d., in-8 (Scientia, n° 2).

M. Maeterlinck, *La Vie des Abeilles* ; Paris, 1901, in-12. (Contient une Bibliographie de l'Abeille.)

P. Mantegazza, *L'Amour dans l'humanité. Essai d'une ethnologie de l'amour* ; Paris, 1886, in-18.

P. Mantegazza, *Physiologie de l'amour* ; Paris, 1886, in-18.

Mariot-Didieux, *Guide pratique de l'éducateur de lapins* ; Paris, s. d., in-12.

E. Maurel, *La masculinité* ; Revue scientifique, 21 mars 1903.

Milton et Cheaddle, *De l'Atlantique au Pacifique* ; Paris, s. d., in-8.

Gabriel Pellion, *Etude historique sur les organes génitaux de la femme, la fécondation et l'embryogénie humaines, depuis les temps les plus reculés jusqu'à la Renaissance* ; Paris, 1891, gr. in-8.

E. Perrier, *Les Colonies animales et la formation des organismes* ; Paris, 1881, gr. in-8.

BIBLIOGRAPHIE DES PRINCIPAUX OUVRAGES CONSULTÉS

E. Perrier et Poiré, *Nouveau Dictionnaire des sciences* ; Paris, 1900-1902, 2 vol. gr. in-8.
R. Quinton, *Communications à l'Académie des sciences*, 13 avril 1896, 12 avril 1897.
Réaumur, *Mémoires pour servir à l'histoire des insectes* ; Paris, 1734-1742, 6 vol. in-4°.
Rœsel, *Historia naturalis ranarum* ; Nuremberg, 1758, in-4°.
Wallace, *La Sélection naturelle*, trad. L. de Gandolle ; Paris, 1872, in-12.

Copyright © 2023 Alicia Éditions
Crédits : Alicia ÉDITIONS, www.canva.com
ISBN broché : 9782384551194
ISBN numérique : 9782384551200
ISBN relié : 9782384551217

www.ingramcontent.com/pod-product-compliance
Lightning Source LLC
LaVergne TN
LVHW032005070526
838202LV00058B/6308